監修者――木村靖二／岸本美緒／小松久男／佐藤次高

［カバー表写真］
ロベスピエールの肖像

［カバー裏写真］
全フランス人をギロチンにかけさせたあとで死刑執行人をギロチンにかけるロベスピエール

［扉写真］
演壇のロベスピエール

世界史リブレット人**61**

ロベスピエール
世論を支配した革命家

Matsuura Yoshihiro
松浦義弘

目次

世論を支配した革命家

パリには、ロベスピエールの名を冠した通りや銅像が存在しない。パリの中心カルチエ・ラタンにダントン像とダントン通りがあるのとは、まことに対照的である。これは、ロベスピエールがこれまで恐怖政治と結びつけられ、激しい嫌悪の情を引き起こしてきたことを物語っている。しかし他方で、ロベスピエールは、男性普通選挙のために戦い、死刑や奴隷制を告発し、危機にある共和国を防衛し、すべての人びとに生存権を要求したとして賞賛されてきた革命家でもあった。

革命以来つねに賛否両論を巻き起こし、人びとの感情と記憶を支配してきたロベスピエールとは、いったい何者なのか。この問いに答えることは、実はそ

▼カルチエ・ラタン（ラテン地区）　パリのセーヌ左岸（セーヌ川の南側）に位置する文教地区・学生街で、パリ大学などの高等教育機関が集中している。名前のいわれは、中世にヨーロッパ各地からパリ大学に集まった学生がラテン語で会話をしていたことによる。一九六八年五月には反体制学生運動（五月革命）の拠点となった。

▼ダントン（一七五九～九四）　革命前は弁護士。革命開始とともにパリで活躍し、一七九〇年にコルドリエ・クラブに加入、さらに九二年九月に国民公会議員に選出された。恐怖政治が強化されるとその緩和を要求してロベスピエールらと対立し、九四年春に逮捕・処刑された。アンジェイ・ワイダ監督の映画『ダントン』（一九八三年）でも、ダントンとロベスピエールは対照的な人物として描かれている。

う簡単ではない。歴史家のロベスピエール解釈もつねに分裂してきたからである。マルク・ブロックが『歴史のための弁明』のなかで、「ロベスピエール派よ、反ロベスピエール派よ、頼むからやめてほしい。ロベスピエールとはどんな人物だったのか、どうか、それだけを率直に話してほしい」と述べたのも、当然なのである。

ロベスピエールがこれまで、賛否両論、とくに恐怖政治と結びつけられてきた理由の一端は、テルミドール九日のクーデタで彼を失墜させた議員たちが恐怖政治の責任をロベスピエール一人に負わせたことによる。また、それ以後の歴史叙述が、この議員たちのロベスピエール解釈を基本的に繰り返してきたことにもよる。しかしながら同時に、ロベスピエール自身が、自らの言動によって自分のイメージを創り上げた側面も無視できない。

そもそも、ロベスピエールは特異な革命家であった。よく知られているように、ロベスピエールは、地方の一法律家から全国三部会の代表になり、わずか数年で革命を体現する人物にまで登りつめたあげく、テルミドールにギロチンの露と消えた。一見すると、ロベスピエールの生涯は波瀾万丈な生涯であった

▼マルク・ブロック（一八八六〜一九四四）　二十世紀を代表する歴史家の一人。一九二九年にリュシアン・フェーヴルとともに『社会経済史年報（アナール）』を創刊し、歴史学の革新に貢献した。第二次世界大戦中にはレジスタンス運動に参加し、ナチスの兇弾に倒れた。代表作として『封建社会』『フランス農村史の基本性格』『王の奇跡』がある。

▼テルミドール九日のクーデタ　一七九四年七月二十七日（共和暦二年テルミドール九日）、国民公会の多数派が決行したクーデタ。ロベスピエール派は全員逮捕され、翌十日に処刑された。このクーデタによって山岳派独裁と恐怖政治が終結した。

▼全国三部会　聖職者（第一身分）、貴族（第二身分）、平民（第三身分）の代表からなるフランスの身分制議会。一三〇二年以来、重要決定や新税徴収に際して召集されたが、一六一四年を最後に開かれなくなっていた。しかし財政難を解決しようと試みる過程で、一七八九年五月に一七五年ぶりに召集された。

ようにみえる。しかし彼の生涯は、劇的な事件の渦中にありながら、ほとんど事件のない生涯であった。膨大な数の演説やパンフレット、新聞記事などが全十一巻六〇〇〇頁に及ぶ史料集として残されている一方で、ロベスピエールが直接に参加した事件は、一七九四年六月八日の最高存在の祭典(八六頁用語解説参照)とテルミドール九日のクーデタだけだからである。つまりロベスピエールは、もっぱら言論活動によって権力の頂点に登りつめ、またそこから転落したのであり、その意味で、フランス革命における言論活動の重要性を体現した革命家だったのである。本書も、ロベスピエールの言論活動とその社会的影響に焦点を当てて彼の生涯をたどりたいと思う(なお、本書はロベスピエールの言説に重点をおくので、フランス革命の基本的な事実関係については『フランス革命の社会史』〈世界史リブレット33〉などを参照してほしい)。

①—革命家ロベスピエールの誕生

生誕から地方弁護士へ

一七五八年五月六日、北フランスのアルトワ州の小都市アラースのサント＝マリ＝マドレーヌ教会で、一人の男児が生まれた。洗礼名は、マクシミリアン＝マリ＝イジドール。父親の名は、フランソワ・ドゥ・ロベスピエール、母親の名は、ジャクリーヌ・マルグリット・カロ。両親の結婚から四カ月後の出来事であった。

もうおわかりであろう、のちの革命家マクシミリアン・ロベスピエールの誕生であった。ちなみに、ロベスピエールの父親の家系には法律家が多く、祖父も父も弁護士だった。他方、母親は、ビール醸造業者の娘だった。だから、ロベスピエールは、ブルジョワ的な境遇に生を受けたといえよう。しかし母の死が、この境遇を変えてしまう。母ジャクリーヌは、マクシミリアン、シャルロット、オギュスタン、アンリエットなど五人の子どもをもうけるのだが、五人目の男児の出産がもとで、一七六四年七月十六日、二九歳の若さで亡くなって

▼コレージュ　イエズス会、オラトリオ会などの修道会が設立した中等教育機関。生徒の出身は、おもに第三身分の官職保有者、医師、弁護士、教師などの自由業で、生徒数は全国で約五万人程度と推定されている。

ルイ＝ル＝グラン学院

しまうのである。ただし、当時の平均寿命は短く、女性の出産後の死もごくあたりまえで、ロベスピエールの境遇はことさら特異なものではなかった。

母の死後、父フランソワは、マクシミリアンとオギュスタンの兄弟を母方の祖父母に、シャルロットとアンリエットの姉妹をまだ独身の二人の姉妹の世話に委ねる。父フランソワも妻の死後、放浪の旅とアラースへの帰郷を繰り返したのち、一七七二年には永久にアラースから姿を消してしまう（五年後の一七七七年十二月に、ミュンヘンで死亡したことが確認されている）。

さて、母方の祖父母に引き取られたロベスピエールは、一七六六年、アラースのコレージュ▲に入学する。六九年、一一歳になったとき、ロベスピエールは、学業成績が優秀だったためにサン＝ヴァアスト大修道院からパリの名門コレージュ、ルイ＝ル＝グラン学院の奨学金を獲得し、そこで古典と法律を中心に学ぶことになる。副学院長プロワヤールによれば、ロベスピエールは「勉学にすべてを結びつけ、勉学のためにすべてを無視した」という。当然ながら学業成績は優秀で、七一年から七六年までの学業コンクールの受賞者名簿に、ロベスピエールの名前はほぼ毎年掲載されている。ことに古典語の成績は抜群で、教師から「ローマ人」という渾名（あだな）を頂戴するほどだった。ロベスピエールはこの学院でアリストテレスやキケロなどを学ぶなかで、議論や論証の進め方、聴衆の感情への訴え方、自分自身のイメージの演出の仕方など、修辞学の基本を身につけたのである。

こうして、ルイ＝ル＝グラン学院でも最優秀の生徒であったロベスピエールは、一七八一年に学院を卒業する際に、学院長から「優秀な才能」「一二年間の優良な素行」との賛辞を受けるとともに、六〇〇リーヴルの特別賞与を獲得することになる。しかも、自分の奨学金を弟のオギュスタンに譲り渡すことも例外的に認められた。なお、多くの伝記では、在学中の一七七五年に、ランスでの戴冠式の帰りにルイ＝ル＝グラン学院を訪れたルイ十六世とマリ＝アントワネットにロベスピエールがラテン語で祝辞を述べたとされているが、これはエルベ・ルベルスの最近の研究によって否定されている。

一七八一年にルイ＝ル＝グラン学院を卒業して法学士となったロベスピエールは、同年八月にパリ高等法院の弁護士資格を取得する。だが、ダントンやカミーユ・デムランなどとは違って、パリで職業上の栄達をめざそうとするわけ

▼**アリストテレス**（前三八四〜前三二二）　プラトンとならぶギリシアの大哲学者。その学識は、政治・経済・倫理・文芸・自然・生物・論理などあらゆる領域に及んでおり、綿密な観察に基づく明晰な論理展開を特色とした。

▼**キケロ**（前一〇六〜前四三）　古代ローマの政治家・雄弁家。告訴・弁護など法廷を舞台に活躍し、政界入りした。ラテン語散文の達人で、演説・修辞学・哲学関係の著作など多くの作品を残した。

▼**エルベ・ルベルス**（一九六三〜）　フランス革命史家（法制史家）。ロベスピエール研究会の現会長。二〇一四年に大部なロベスピエール伝を刊行した。新史料や文書館史料なども渉猟し分析することによって、とくに革命以前のロベスピエールに関して新しい知見をもたらした。

▼**高等法院**　フランス革命以前のフランスの最高司法機関。十四世紀以降各地に設置され、革命前夜には全国で一三の高等法院があった。パリ高等法院はそのなかでは最も古く、

ではなかった。ロベスピエールは故郷アラースに戻り、弁護士を開業するのである。

すべり出しは順調だった。一七八一年十一月に弁護士を開業して一年もたたないうちに、アラースの司教座裁判所の判事の職に任命される。この異例の昇進は、アラース司教コンジエの厚遇によるものであった。さらに八三年十一月十五日には、アラースの王立アカデミー▲の会員にも選出される。弱冠二五歳にして地方エリートの仲間入りをしたことになる。こうしてロベスピエールは、本業の弁護士活動のかたわら、地方アカデミーの会員として文学的関心をも追求するようになる。ではいったい、この弁論活動や文学活動はどのようなものだったのだろうか。

弁論活動

ロベスピエールの弁論活動で最も有名なのは、一七八三年五月の「避雷針事件」の弁護である。これは、地元の弁護士ヴィスリが自宅に避雷針を設置したのに対して、近隣の住民が、避雷針による地震や爆発を恐れ、その撤去を要求

その管轄地域も最も広かった。王令が効力を持つためには各地域の高等法院で登録される必要があったため、高等法院はしばしばこの王令登録権を盾にして王権に抵抗した。

▼カミーユ・デムラン（一七六〇〜九四）　山岳派の政治家・ジャーナリスト。ルイ＝ル＝グラン学院でロベスピエールと交流があり、一七九〇年の結婚の際にはロベスピエールが立会人となっている。しかし九三年末以後、恐怖政治を批判し、九四年春、ダントンらとともに逮捕・処刑された。

▼アカデミー　十七世紀末以後、パリのアカデミー・フランセーズや科学アカデミーをモデルとして、全国の主要都市に王権公認の学術文芸団体として「地方アカデミー」が創設され、その数は革命前には三三に達した。会員の過半数は貴族と聖職者で、第三身分の会員は医者や弁護士などの自由業者が主だった。アラースのアカデミーは一七三七年に創立され、七三年に王立アカデミーとなった。

▼**フランクリン**（一七〇六〜九〇）　アメリカの政治家・文筆家・科学者。印刷・出版業で成功したのち、種々の科学実験をおこない、避雷針を発明した。独立戦争中にはフランスとの外交交渉で活躍し、その支援をえることに成功した。『自伝』は有名。

▼**ベネディクト派**　ベネディクトゥス（四八〇頃〜五四七頃）が起草した会則に従うすべての修道院を指す。「祈れ、働け」をモットーとし、西欧キリスト教の信仰や文化に大きな影響をあたえた。シトー修道会やクリュニー修道院もこの派を代表する修道会である。

した事件であった。ロベスピエールは、友人で先輩弁護士でもあるビュイサールからこの事件の弁護の機会をあたえられたのだが、彼の弁護は、ビュイサールが準備した弁護論をそのまま提示したものではなかった。事件の舞台は、「ヨーロッパの中心」に位置するアルトワ州であり、避雷針設置に有利な判決をくだすことは、アルトワ州とその裁判官が「啓蒙（けいもう）の世紀」にふさわしいことを証明することになる。ロベスピエールはそう論じて裁判官の感情に訴え、勝訴したのである。この弁護は当時、「迷信」と「科学」の争いとして世間の関心をひき、その成功は、ロベスピエールがアカデミーに迎えられることにもつながった。ロベスピエールも、この弁護論の写しを手紙にそえて、避雷針の発明者フランクリン▲に送っている。だがこのヴィスリ弁護論は、「アラースで最も雄弁な弁護人」の一人という評判に恥じないものではあったが、のちの革命家ロベスピエールを予示するものではなかった。

一七八三年十一月のドゥトゥフ事件の弁護は、どうだろうか。

この事件は、フランソワ・ドゥトゥフという人物が、ベネディクト派▲のアンシャン修道院の修道士で会計係ドン・ブロンニャールによって盗みの理由で告

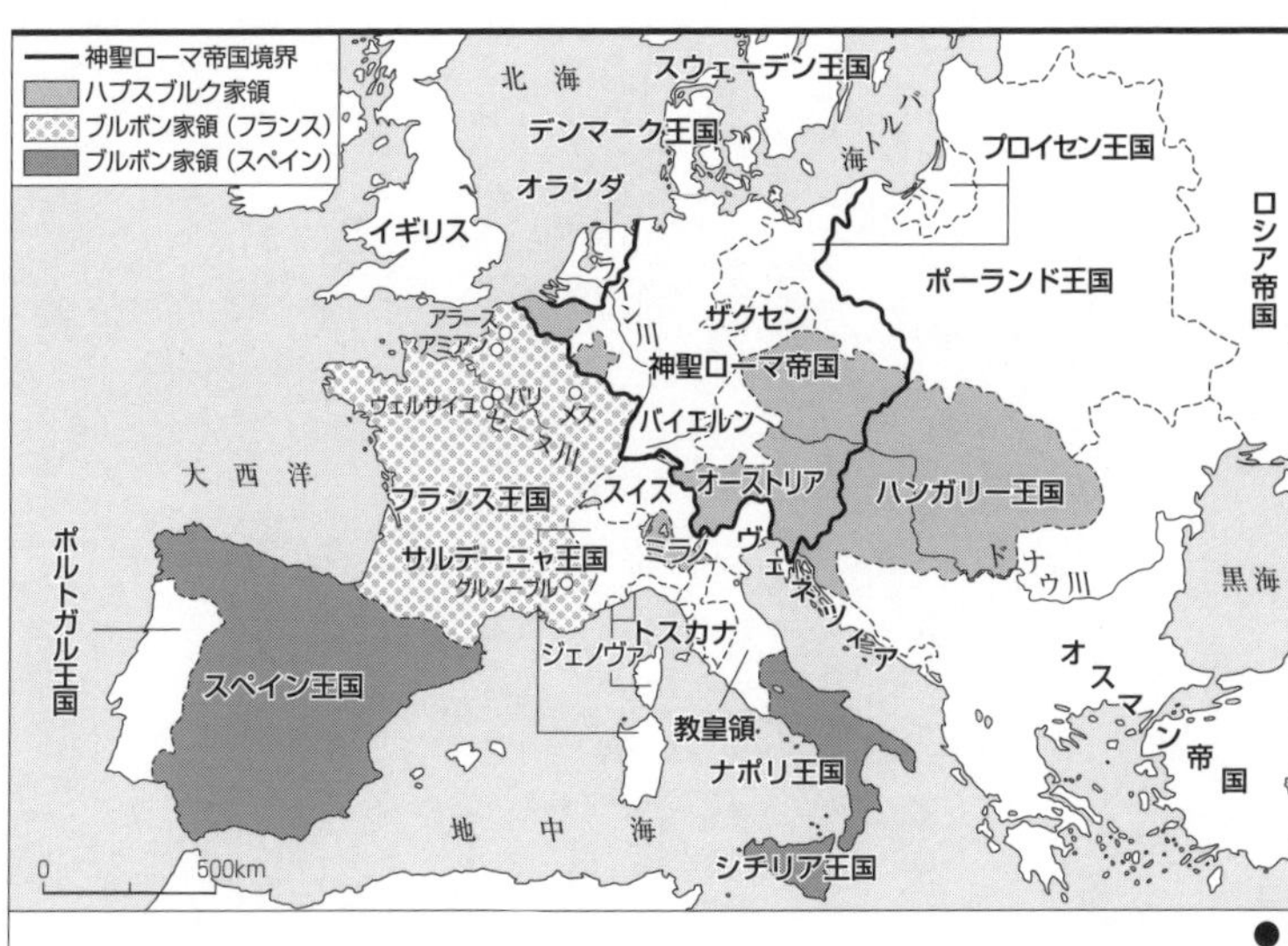

十八世紀半ばのヨーロッパ

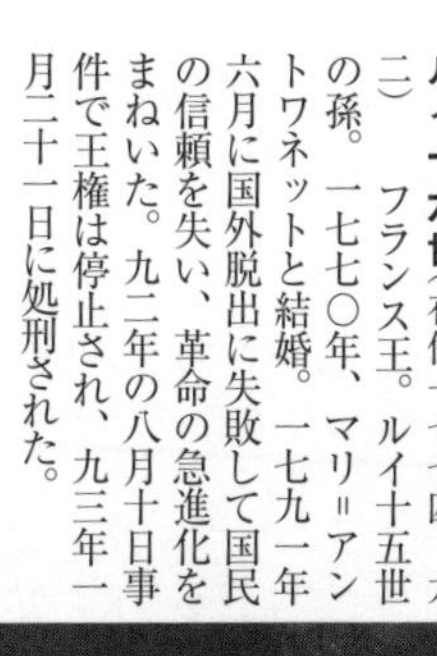

ルイ十六世（在位一七七四〜九二）　フランス王。ルイ十五世の孫。一七七〇年、マリ＝アントワネットと結婚。一七九一年六月に国外脱出に失敗して国民の信頼を失い、革命の急進化をまねいた。九二年の八月十日事件で王権は停止され、九三年一月二十一日に処刑された。

マリ＝アントワネット（一七五五〜九三）　オーストリアのマリア・テレジアの末娘。一五歳でルイ十六世と結婚。浪費癖と無思慮な行動のために人気を失い、国王の権威失墜をまねいた。

発された事件であった。しかし事実は、当の修道院で働いていたフランソワの妹クレマンチーヌがブロンニャールの誘惑を拒否したため、その腹いせにブロンニャールが、自分の犯した公金費消の罪を兄のフランソワに着せたのである。弁護を依頼されたロベスピエールは、その事実を明らかにして貧しい被告を救った。さらに、被告の損害賠償金を獲得しようとする試みのなかで、「あらゆる不正は、それを犯した人間の身分と地位がどうあろうと、償われるべきだ」という原則に立って修道士の特権を批判し、所属の修道士の不正を見逃してきた修道院の怠慢を批判した。その口調はかなり激しい。にもかかわらず、ロベスピエールの弁論は、けっして革命的ではなかった。というのも、彼の弁論は、聖職者一般の有用性を前提にしていたからである。ロベスピエールは、法廷弁論の冒頭でこう述べる。

賢明な公衆の見解によれば、一修道士の悪行、一修道院全体の誤りそれ自体によって、多くの修道院で光り輝く徳が消えることはない。……この〔修道院という〕団体は……識見豊かな政治家にいわせれば、国家にとってさえ貴重である。彼ら賢明な政治家は、近代の君主制国家の聖職者のなかに中間団体を認め、この中間団体の存在は政体と関係しており、君主制を専制から分かつ境界を揺るがすことなしにはそれを破壊することはできない、と考えるのである。

ドゥトゥフ事件の弁護は、「貧しき者の弁護士」というロベスピエール評価を定着させた。そして、アラースの上流社会の人びとをロベスピエールから離反させる一つのきっかけともなった。だがこの弁論は、モンテスキュー▲の制限王政論に依拠して展開されており、かなり穏健であった。つまり、ロベスピエールは、事件を担当した弁護士としての役割を果たしたにすぎなかったといえよう。実際、ロベスピエールは、一七八四年夏には、ある建築家から給与の未払いの理由で訴えられたオラトリオ修道院長の弁護に立って、この訴えを「有徳の人と尊敬すべき修道院に対する極悪非道の名誉毀損」と非難し、八六年夏には、負債のために収監された元サウスカロライナ州副知事の未亡人を弁護して、この上流階級の婦人に敬意を表し、彼女を収監した行為の野蛮さを告発しているのである。

このように、ロベスピエールの法廷弁論は革命的ではなかった。とはいえ、

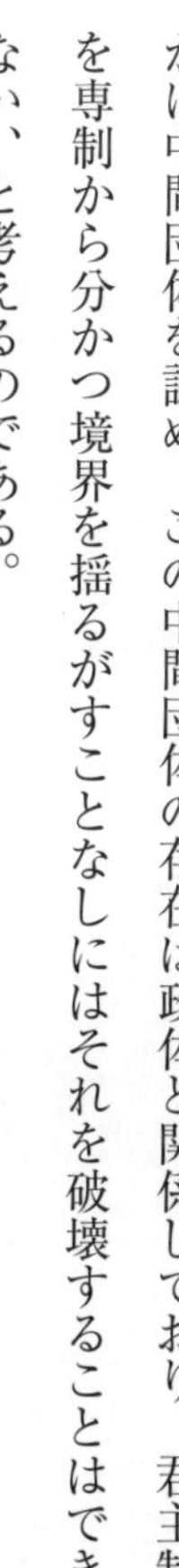

▼**モンテスキュー**(一六八九～一七五五)　フランスの啓蒙思想家・法律家。主著『法の精神』(一七四八年)では、貴族・聖職者・高等法院などの特権的な「中間団体」と王権との協調的な関係が理想的な王政(制限王政)とされ、「中間団体」の存在こそが王権が専制化することを防ぐと考えられた。ほかに主著として、『ペルシア人の手紙』がある。

ロベスピエールの法廷弁論と彼の革命期の演説との間には、ある種の構造的な類似性があった。まず、導入部、事実の提示、被告の立場に有利な議論と原告によってなされた論点の論破、そして最後に結論へと続く法廷弁論の順序は、革命期のロベスピエールの演説の順序とほぼ同じだった。そして、被告を弁護し原告の論点を論破するという弁護士の法廷弁論の性格上、弁論が二項対立的な構造を持つ傾向があったという点は、革命期のロベスピエールの演説との類似という点で、とくに注目される点だった。ロベスピエールはときに、原告を「敵」と呼び、彼らの行為を「陰謀」とさえ形容していた。しかも彼は、あらゆる訴訟事件を、法律的観点からではなく、「平等」「正義」「人道」「自由」「徳」などの一般原則の問題として論じる傾向があった。この点もまた、ロベスピエールの革命期の演説を思い起こさせる。しかしながら、これらの形式的・構造的な類似点を別にすれば、ロベスピエールの法廷弁論は、既存の権力秩序を容認していたという点で、彼の革命期の演説からは隔たっていたといえよう。

文学活動

ロベスピエールの文学活動から生まれた文章を読んだときの印象も、彼の法廷弁論から受ける印象と近い。しかも、法廷弁論に付随する二項対立的構造がそこには明白にみられないだけに、法廷弁論よりもいっそう穏健な印象を受ける。試みに、一七八四年にメス・アカデミーの懸賞論文コンクールに応募し、第二席に入った『加辱刑論』を取り上げてみよう。この論文は、犯罪者の家族も社会的苦しみを受けることになる加辱刑の原因は何か、およびその弊害に対してどう対処すべきか、という課題について論じたものだった。

まず、ロベスピエールは、名誉と生まれに大きな価値をおき、貴族身分を不可欠とする君主政という政体に、加辱刑が生じる根本的理由を求める。他方で、加辱刑が平民のみに課されてきたという事実を指摘し、このような法的不平等は、平民が聖職者や貴族によって抑圧されていた野蛮な時代の産物であり、犯罪者の家族が受ける社会的苦悩は除去されるべきだと主張する。こうしてロベスピエールは、モンテスキューに依拠しながら、こう述べる。

法の精神の著者が示したように、共和国の原動力は徳、いいかえれば、法と祖国に対する愛以外のなにものでもない政治的徳である。……偉大なる人物は、共和国のために、自らの財産や生命、そして自らの本性そのものを犠牲にすることができよう。しかし、名誉はけっして犠牲にすることができない。

このように議論が展開されれば誰もが、加辱刑の解決策として君主政から共和政への政体の移行が提言されるはずだ、と予想するだろう。だが、そうではなかった。ロベスピエールは「われわれは、わが国の法律制度全体を変えることも、また個別的な悪の解決策をしばしば危険な全体的な革命のなかに求めることも必要ない」と述べて、その予想に水をさす。そして「より単純で、より容易な、おそらくより確実な手段」として、父権の再建、死刑に処された人びとの財産没収の廃止、私生児の人道的な処遇、処刑の形式の画一化などとともに、とくに君主による加辱刑批判を提唱するのである。

このように、『加辱刑論』の論調は、慎重な現実主義のそれであった。当時『加辱刑論』を批評したラクルテル▲が、のちに「この〔文学的〕デビューには、七年後の人物を示唆するものは何もなかった」と弁明したのも、無理からぬこ

▼**ラクルテル**（一七五一～一八二四）　メス生まれの弁護士・文筆家・政治家。立法議会期と統領政府期の議員で、一八〇四年以後はアカデミー・フランセーズの会員に選出された。

とだったのである。

メス・アカデミーでの幸運な文学的デビューによって勇気づけられたせいであろうか、ロベスピエールは翌年の一七八五年にも、アミアン・アカデミーが当地の詩人グレセの讃辞を募集したのに対して応募する。しかし、彼が書いた『グレセ讃』は入選さえしなかった。それもそのはずであろう、ロベスピエールは、グレセの作品よりも、彼の「徳」や「信仰」を重点的に論じ、讃えたからである。「おお、グレセよ、あなたは偉大な詩人だった。そしてはるかに重要なことに、あなたは有徳の士だった。……あなたのように、つねに宗教と徳を敬い、それらを追求し、自己の作品においてだけでなく自己の人生において宗教と徳の尊い痕跡をとどめることができる作家は、なんと幸いなことであろう」と。そして『グレセ讃』には、論文の課題の性格にもよるが、二項対立的構造も社会的批判も見当たらない。

革命直前のロベスピエール

革命以前のロベスピエールは、たしかに社会に対して不満ではあった。しか

▼**グレセ**（一七〇九〜七七）　アミアン出身の詩人・劇作家。ロベスピエールと同様、パリのコレージュ、ルイ＝ル＝グラン学院に学び、アカデミー・フランセーズの会員にも選出された。

し、社会の腐敗を嘆き、批判したときでさえも、既存の社会的価値を当然とみなし、あくまでその枠組みのなかで社会改革に努めるべきだ、と考えていた。その意味で、ロベスピエールは革命家ではなかった。

そのことは、革命直前までのロベスピエールの順調な出世をみても、うなずけよう。一七八三年十一月にアラースの王立アカデミーの会員に迎えられてからわずか二年半後、八六年二月にはその会長に選出されている。さらに八六年六月には、「ロザティ」という文学サークルの会員として迎えられている。この会員は、毎年六月に集まって薔薇のために乾杯し、詩歌を謳(うた)うのを習わしとしていた。ロベスピエールもその入会時に『薔薇讃』をものし、酒神バッカスに寄せるオード（叙情詩）や若き女性への恋歌を謳った。例えば、次のように。

われは見し、今しがた愛らしきフローラが、
いとうるわしき春の日に
テルプシコラ▲に御手を差し伸べ
その手を花で飾りたてしを。
われは見し、ただちに彼らの跡を

▼テルプシコラ　ギリシア神話における文芸の女神の一人で、合唱と舞踊の女神。

ヴィオロンの甘き調べに乗って、
三美神の軽やかなる一団が
柔らかき芝生の上を過ぎ去りしを。……

ロベスピエールは、革命直前に、弁論活動のかたわら、このような詩歌を謳い、酒を飲み、「冗談をみごとに駆使」していたのである。妹のシャルロット▲によれば、当時のロベスピエールはとても愛想がよく、女性との交際を楽しんでいたという。もしフランス革命が起こらなければ……そんな想像を思わずめぐらしてみたくもなるのではなかろうか。

革命的言説の誕生

しかしながら、フランス革命はやってきた。

アメリカ独立戦争への参戦▲によって破産状態に陥った王権は、特権身分への課税をも含む財政改革案を導入しようとしたが、高等法院が世論の支持を背景に、その承認のために全国三部会の開催を求めた。ルイ十六世は譲歩するほかなく、一七八八年八月八日に、翌年五月に全国三部会を招集することを決定す

▼**シャルロット・ロベスピエール**（一七六〇〜一八三四） テルミドール九日のクーデタ後に逮捕されたが釈放され、一八〇三年以後は、ナポレオンの決定で定期的な援助を受け、細々と暮らした。兄マクシミリアンの名誉回復のために三四年に『回想録』を出版した。

▼**アメリカ独立戦争への参戦** 十七世紀末からフランスはイギリスと植民地をめぐって争っていたが、アメリカ独立戦争においても、フランスはアメリカの独立を最初に承認して参戦し、イギリスに奪われた植民地の奪回をねらった。しかし財政難がさらに悪化し、フランス革命の要因となった。

▼**州三部会**　アンシャン・レジーム期の州の代表機関。十六世紀にはブルターニュやラングドックのような王国周辺を中心に一六の州に存在し、租税に対する同意と配分、徴収などの特権を持っていた。絶対王政の確立とともに減少し、十八世紀初頭までにその半数が消滅したが、アルトワ州三部会は革命まで存続し、一七八九年に廃止された。

る。この決定からまもなく、ロベスピエールも全国三部会の選挙に出馬することを決意し、彼の言説にも断絶が刻印されはじめる。ロベスピエールが選挙のために公表した二つのパンフレットをみてみよう。

最初のパンフレットは、一七八九年一月に刊行されたと推定される『アルトワ州三部会を改革する必要性とこの目的を達成するための手段についてアルトワ州民に訴える』である。これは、特権二身分と第三身分の支配層に対するロベスピエールのいわば宣戦布告であった。

まずロベスピエールは、全国三部会の選挙を念頭において、当該時点を「永遠に自由か隷属か、幸福か悲惨かを選択しなくてはならない時期」と規定し、この選択は、全国三部会に選出される「代表者の人格と考え方の原理」と「神聖で時効にかからない権利を取り戻すためにわれわれが示す情熱」に全面的にかかっていると述べる。けれども現状は、自由と幸福を獲得できるような状態ではない。というのも、「この州がその内部に抱えている危険な敵がその支配を永久に確保しようとしているのに、われわれはいまだ、彼らがもたらした鉄鎖の下で眠りこんでいる」からだ。こうしてロベスピエールは、アルトワ州民に眠りから目覚めるように訴える。そしてその過程で、司祭や農民が聖職者身分や第三身分の代表から排除されているアルトワ州三部会を「人民にのみ属する権力を独占した少数の市民の同盟」と厳しく批判するのである。

一七八九年三月に公表されたと思われるパンフレット『アラース市の第三身分の集会において生じたことによって仮面を剝がされた祖国の敵』は、より攻撃的だ。このパンフレットは、こう始まっている。

現在のような決定的な時期に……祖国に対してなしうる最も重要な仕事は、市や州の行政に執着している野心家たちが、その権力や財産や希望の支えとなっている抑圧的な体制を永続化するために、ずっと前からたくらんでいる陰謀の秘密を祖国のために明らかにすることである。私は、できるだけこの目的を果たしたいと思う。

たしかに、「陰謀」の暴露には危険が伴う。けれども、「不正」が大胆になされ、「人道」が侮辱され、「人民」が抑圧されている。だから、黙っていることはできない。ロベスピエールはそう述べて、市民たちにこう呼びかける。

ああ、市民たちよ、祖国は危機にある。外国の軍隊よりも恐るべき国内の敵がひそかに祖国の破滅をたくらんでいる。祖国を救うために、はせ参じよう。……彼ら〔国内の敵〕がすでに人民の擁護者をすべて殉教者に変えようと目論（もくろ）んでいようと、私はかまわない。

以上の二つのパンフレットをみれば、ロベスピエールの変化は明白であろう。そこには、革命的言説とでもいえるものが出現している。まず、言葉やテーマ。「人民」「人民の擁護者」「国内の敵」、「敵」の「陰謀」、「敵」の「仮面」を剝ぐこと、政治における「徳」の必要性、「祖国」の防衛、「殉教者」となる可能性……。ロベスピエールは、これらの用語でフランス革命を闘うことになるだろう。また、かつては法廷弁論においてのみ明示的であった二項対立的な構造が、より明白になっている。ロベスピエールの言説が、それに合致する現実に出会ったというべきか。あるいは、フランス革命という事件が、ロベスピエールの言説の二項対立的な傾向を促したというべきか。いずれにしろ、フランス革命とロベスピエールの言説との間に一種の共犯関係が成立しようとしていた。そして何よりも二つのパンフレットには、既存の社会秩序を否定して、新しいフランスを創造しようとする意志が明白に表明されていた。国王に対するロベスピエールの期待にはなお大きなものがあったにしろ、である。

「ルソーの霊への献辞」

一七八九年春に全国三部会の選挙がおこなわれ、陳情書が作成された。ロベスピエールも、アラースで最も貧しい同業組合である靴修理職人の陳情書の作成を依頼され、引き受けている。また、八九年四月二十日には、ロベスピエールの最初の公的介入が確認される。アルトワの三身分代表による選挙集会で、聖職者と貴族の代表が免税特権の放棄を宣言したのに対して、議長が第三身分の代表に感謝するように促したが、そのとき「一人の弁護士が立ち上がって、悪習を放棄したにすぎない人びとに感謝などすべきではないといった」と、ある貴族の書簡が伝えている。この弁護士こそ、ロベスピエールその人であった。四月二十六日、ロベスピエールは、全国三部会へのアルトワ州の第三身分代表八人のうち五番目の代表として選出される。弱冠三〇歳であった。こうして、アラースの寡頭支配に対して開始されたロベスピエールの闘いは、これ以後、国民的闘争にその性格を変えていくことになる。

この頃から一七九一年にかけて書かれたと推定されている「ルソーの霊への献辞」には、ロベスピエールの歴史的使命への自覚が明白に表現されている。最後に、この「献辞」を紹介しておこう。

神のような人よ、あなたは私に、自己を知ることを教えてくれた。あなたは、まだ若かった私に、自己の本性の尊厳を尊重し、社会秩序に関する偉大なる原理について熟考することを教えてくれた。……

私は晩年のあなたに会った。その記憶は私にとって誇らしい喜びの源泉である。私はあなたの気高い顔立ちを熟視し、そこに、人びとの不正があなたにもたらした暗い悲しみの刻印を見た。そのとき以来、私は、真理の崇拝に捧げられた高貴な生の苦悩をすべて理解した。私はその苦悩の前にたじろぐことはなかった。同胞たちの幸福を求めたのだという自らの意識が、有徳の士にあたえられる報酬なのである。やがて人民の感謝の念が、同時代の人びとが彼にあたえることを拒んだ栄誉で彼の記憶を包むときがやってくる。あなたのように、私もまた、仕事に明け暮れる日々を送るのとひきかえに、たとえ早すぎる死という犠牲を払ってでも、この恩恵を得

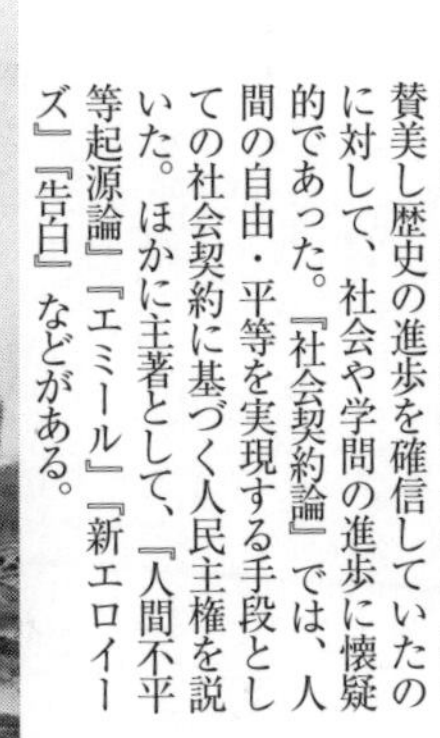
●第三身分代表の衣装を着たロベスピエール（ラビーユ＝ギアール画）

●ルソー（一七一二〜七八） フランスの啓蒙思想家。スイスのジュネーヴ生まれ。啓蒙思想家が一般に文明を賛美し歴史の進歩を確信していたのに対して、社会や学問の進歩に懐疑的であった。『社会契約論』では、人間の自由・平等を実現する手段としての社会契約に基づく人民主権を説いた。ほかに主著として、『人間不平等起源論』『エミール』『新エロイーズ』『告白』などがある。

●一七八七年から八九年までロベスピエールが住んでいたアラースの住居

たいと思う。

かつて世界を揺るがした事件の中でも最も重大な事件の真只中で、ある役割を果たすべく天命をうけ、専制政治の断末魔の苦しみと真の主権の目覚めに立ち会って……私は、自分自身に対して自分の責任を取らねばならないし、自分の思想と行動に関する弁明をまもなく同胞市民たちにしなければならなくなるだろう。あなたが示した手本が私の目の前にある。あなたのすばらしい『告白』。最も純粋な魂のこの大胆で率直な発露は、芸術のモデルとしてよりも徳の奇跡として後世に伝わるであろう。たとえ後世に名を知られずとも、私は尊敬するあなたの跡をたどりたい。前代未聞の革命がわれわれの前に開いたばかりの危険な活動の場において、あなたの著作から汲み取った教えにつねに忠実であり続けることは、なんと幸せなことであろうか。

ここには、宗教的回心とでもいうべき経験が語られている。ロベスピエールが主張するように、彼がルソーと会ったかどうかは、定かではない。また、若かりし日にルソーの影響を受けたという主張も、そのまま受け取れない。革命前のロベスピエールには、モンテスキューの影響がより顕著だったからである。にもかかわらず、ロベスピエールが、「献辞」を執筆する時点において、ルソーの『告白』を介して一種の改宗経験を経ていたことは確かであろう。ルソーの『告白』の刊行は一七八二年だから、ロベスピエールはそれ以後革命までのどこかの時点で『告白』を読み、現実に進行する事態を前にして革命家に変化した自己の来し方と行く末を、『告白』に描かれたルソーその人のなかに認めたのではなかろうか。

こうしてロベスピエールは、「あなたの著作から汲み取った教え」を胸に抱き、その教えを一種の信仰箇条として革命政治を実践することになろう。ここでとくに注目しておきたいのは、「同胞たちの幸福を求めたのだという自らの意識が、有徳の士にあたえられる報酬なのである」という教えである。この教えは、一方では、「同胞たちの幸福を求めたという自らの意識」に確信があれば、他者の批判があっても、「自らの意識」に忠実に行動すべきだということになろう。他方では、ルソーの『告白』のように「自らの意識」を告白することで、「自分の思想と行動に関する弁明」を「同胞市民たち」におこない、自分の「徳」を証明すべきだという教えということになろう。したがって、ロベスピエールの場合、自己を語ることと革命を語ることとが、奇妙に重なることになる。さらにその教えは、ロベスピエールが他者の意識や意図を追求することにもつながることになろう。

▼**ル・シャプリエ**（一七五四〜九四）弁護士。一七九一年六月十四日、同一職種の職人・労働者の結社・集合を禁じたル・シャプリエ法を提案したことで有名。ヴァレンヌ事件（三八頁参照）後、革命の急進化を感じてジャコバン・クラブを離れ、フイヤン・クラブに加入した。憲法制定議会後は地元に戻っていたが、九四年に反革命容疑で逮捕・処刑された。

②—闘うロベスピエール

無名の一議員から代表的な革命家へ

一七八九年五月五日、ヴェルサイユで開会された全国三部会は、その冒頭から採決表式をめぐって紛糾した。第三身分代表は、六月十七日には「国民議会」と自称することを決定し、六月二十日には憲法の制定まで解散しないことを誓う（屋内球戯場の誓い）。この第三身分の態度を前に、国王も特権二身分に「国民議会」への合流を勧告し、七月九日には「憲法制定国民議会」が発足することになるのである。

ロベスピエールの最初の政治的介入は、一七八九年五月十八日のことだった。採決方式の問題をめぐる対立の過程で、聖職者身分代表から、三身分を代表する委員によってこの問題を協議しようという提案が出された。これに対して第三身分代表の集会では、この提案の受諾を促すラボ・サンテチエンヌの動議と、その拒否を主張するル・シャプリエ▲の動議が出され、論議された。ロベスピエールは、この論議に介入し、「聖職者身分にのみ代表を送ることを提案した」。

▼**ムニエ**（一七五八〜一八〇六）　グルノーブル（ドフィネの州都）高等法院の弁護士。革命前にドフィネで、第三身分代表の倍増と個人別票決方式での全国三部会の召集を提案して有名になった。政治的には、二院制の議会と王の絶対的拒否権を支持する君主主義者で、ヴェルサイユ行進などの民衆運動を前にして一七八九年十一月に議員を辞職し、九十年五月に亡命した。

あるジャーナリストは、この介入について「ロベール（M. Robert）という名の若者が、彼の年齢に似合わぬほど的確かつ稀なほど雄弁に語った」と記している。

ロベール？　これは、全国三部会が招集された当初、ロベスピエールが無名であったことを示している。実際、ミラボー、シエイエス、ムニエ▲などは別にして、第三身分代表のほとんどは無名だった。ロベスピエールも、少なくとも数カ月間は、ロベール、ロベール＝ピエール、ラベス＝ピエール、ロベス＝ピエールなどと記された。しかしこの事態は、一年後には解消している。画家ダヴィドが一七九一年のサロンで展示したデッサン「屋内球戯場の誓い」には、バイイやグレゴワールらとともに、ロベスピエールも描かれているからである。

ではどうして、ロベスピエールは無名の一議員から一七九一年にはダヴィドも注目するような革命家になったのだろうか。これは、彼の言論によるところが大きい。そしてロベスピエールがその言論によって「世論」に影響力を行使しうる可能性を開いたのが、「人権宣言」であった。というのも、「人権宣言」は、人間の自由・平等を謳（うた）い、「国民」を主権者と定めたからである。こうして政治も、「国民」の意志や「世論」を無視することが不可能になった。また、「国民」や「人民」の名の下に語ることが、語り手の言説が力を持ちうる条件となった。組織の代表として、あるいは著名な人物として語ることは、平等の原理に反したからである。

ロベスピエールは、憲法制定国民議会期に三〇〇回以上演説している。ロベスピエールにとって、議会はいわば闘技場であった。行政区画の再編、官僚や裁判官などの公選、教会財産の国有化と「聖職者市民化法」による教会の国家への従属と聖職者の国民への統合と官僚化、「ル・シャプリエ法」などによるギルド▲の廃止、直接税中心の租税体系の確立、そし一七九一年憲法。ロベスピエールは、これらの改革論議のほとんどに関わり、活発な言論活動を展開したのである。

憲法制定国民議会も残り二カ月あまりに迫った一七九一年七月、ロベスピエールは、『フランス人へのマクシミリアン・ロベスピエールの訴え』を刊行する。このなかでロベスピエールは、自己の言動を導いた原理について、こう述べている。

人権宣言

▼ギルド　ヨーロッパ中世都市の商人や手工業者の団体。各職種の親方によって結成された同職ギルドは、徒弟や職人の数、製品の製造や販売の条件などを厳格に定め、製品の品質維持を計るとともに、市場と技術を独占し、競争を排除しようとした。自由主義思想の進展とともに労働の自由に反するギルドへの批判も高まり、フランス革命では特権的中間団体として廃止された。

●―**屋内球戯場の誓い**　一七八九年六月二十日、議場が王権によって閉鎖されたため、「国民議会」の議員は近くの屋内球戯場に集まって、憲法の制定まで解散しないと誓い合った。この最初の政治的誓約は、新体制への支持と一体感を表明する儀礼的行為であり、革命の以後の宣誓のモデルとなった。上図で描かれている人物は❶バイイ ❷グレゴワール ❸ラボ・サンテチエンヌ ❹シエイエス ❺ロベスピエール ❻ミラボー ❼バルナーヴ。

●―**ダヴィド**（一七四八〜一八二五）　山岳派の芸術家。国民公会議員。ロベスピエールの片腕として革命期の芸術・文化政策を推進し、とくに国民祭典（最高存在の祭典など）の実現に大きな役割を果たした。ナポレオン台頭後はその主席画家となった。代表作に「ナポレオンの戴冠式」がある。

●バイイ（一七三六～九三）　革命前は天文学者で、科学アカデミーの会員でもあった。パリ選出の第三身分代表で、国民議会議長、パリ市長を歴任した。一七九一年十一月に辞職し、ナントに引退。九三年九月に逮捕、十一月に処刑された。

●ラボ・サンテチエンヌ（一七四三～九三）　プロテスタントの牧師。革命前からプロテスタントの権利向上に努め、全国三部会でもとくに信仰の自由に関する問題で重要な役割を果たした。国民公会にも選出されたが、ジロンド派として逮捕・処刑された。

●シエイエス（一七四八～一八三六）　聖職者出身の政治家。革命前夜に『第三身分とは何か』をあらわし、全国三部会にも第三身分代表として選出された。国民議会の成立と一七九一年憲法の制定に主導的役割を果たした。その後総裁政府の一員となり、ナポレオンのクーデタにも協力した。

●グレゴワール（一七五〇～一八三一）　平民出身の聖職者。全国三部会に聖書者身分の代表として選出され、屋内球戯場の誓いの際に重要な役割を果たした。熱烈な民主主義者で、制限選挙制や奴隷制を批判し、聖職者市民化法にも協力して最初に誓約した。民衆の教育にも熱心で、フランス語の普及のために方言調査をおこなった。また、文化財の破壊を非難したことでも知られる。

●ミラボー（一七四九～九一）　貴族出身の政治家。全国三部会に第三身分代表として選出され、屋内球戯場の誓いでも中心的な役割を果たすなど、革命初期を代表する政治指導者であった。宮廷と議会との仲介者でもあったが、一七九一年四月に病死した。

> 彼ら〔私を誹謗する人びと〕が攻撃するのは、私ではない。彼らが圧し潰そうとしているのは、私の説く原理であり、人民の大義なのである。……私は、国民議会の全法令と私の見解のすべてが、少なくとも、人権宣言が帰されうる二つの原理、つまり権利の平等と国民主権という原理の帰結でなければならないと考えてきた。私は、権利の平等がすべての市民に及ぶべきだと確信し、国民には、勤労階級も、そして財産による差別なくあらゆる人びとが含まれると確信してきた。……だから私は、これら簡明で豊かな原理をわれわれの討議の対象すべてに適用したのだった。（傍点部分は原文大文字）

実際、憲法制定国民議会におけるロベスピエールは、「国民主権（人民主権）」と「権利の平等」を執拗に要求し、「人民の大義」を擁護しつづけた。この議会におけるロベスピエールの演説は、この憲法の問題点を批判する原理的な発言とその時々の事件に関する情況的発言によって成り立っていた。

ロベスピエールの「国民主権」論

「人権宣言」は、「国民」を主権者と定めた。けれども、主権を持つ国民とは何かという問題は、フランス革命においてはじめて提起された問題であった。この問題に関するロベスピエールの考えが表明されたのは、国王の拒否権をめぐる論議のときだった。議会は、一七八九年九月十一日、二会期（四年間）の間議会の法令の施行を拒否する権利（停止的拒否権）を国王にあたえることになるが、ロベスピエールは、議会で発表できず、印刷に付された演説で、こう述べている。

巨大な国民は全員で立法権を行使することができないので、……その行使を、自らの権力の受託者である代表者に委ねる。だがそのとき、これら代表者の意志は、国民の意志とみなされ尊重されなければならないし、あらゆる個人の意志に優越する神聖な権威を必然的に持つべきであることは明らかである。というのも、そうでなければ、法を制定するのに他の〔代表者による法の制定以外の〕手段を持たない国民は、現実に立法権と主権を奪われることになるからである。

一人の人間が法に反対する権利を持っているという人は、ただ一人の意志がすべての人びとの意志に優越するといっているのだ。彼は、国民はなにものでもなく、ただ一人の人間がすべてだといっているのだ。もし彼がこの権利は行政権をあたえられている人物に属すると付け加えるならば、彼は、国民の意志を執行するために国民によって地位をあたえられた人物が国民の意志に反対し、国民の意志を鎖につなぐ権利を持っているといっていることになる。……なぜ、主権を持つ国民の意志が一人の人間の意志に一定期間服さねばならないのであろうか。

ここに明らかなように、ロベスピエールは、フランスのような巨大な国家では、国民は全員で主権＝立法権を行使することができないため、その行使を「代表者」に委ねざるをえないと主張する。したがって、国民の代表者の意志は国民の意志とみなされるべきであり、議会の法案に対する拒否権を国王に認めることは、「国民主権」の原理に反することになる。このように、ロベスピエールは国民主権を唱えながらも「代表」という制度の不可避性を承認しており、国民の「代表」よりなる議会を「国民の意志」を表明すべき存在として重視し、国王に優越する権力とみなしていたのである。ロベスピエールが「社会において最も重要な仕事は、立法者の仕事である」とし、「どのような権力も国民を代表する集団に優越してはならず、したがってどのような集団も国民の代表者の運命を決定することができない」と述べたのも、その意味においてであった。

このように、ロベスピエールが要求した「国民主権」とは、国民の代表を介して国民の主権が行使され、法が制定されることを意味していた。したがって、ロベスピエールにとっては、国民の代表をどう選出するかという問題、つまり選挙制度の問題は、とりわけ重要な問題だったのである。

「下層民のドン・キホーテ」

「人権宣言」は、権利において平等な個人という新しい理念を提示した。けれども、それに続く憲法論議では、この理念に反する法律が制定された。とくにロベスピエールが問題としたのは、選挙制度に関する権利の不平等だった。一七八九年十月二十二日、国民を「能動市民▲」と「受動市民▲」に分け、能動市

▼**「能動市民」「受動市民」**　一七九一年憲法下では、三日分の賃金に相当する直接税を支払う二十五歳以上の男性市民だけが「能動市民」とされ、参政権をあたえられた。それ以外の貧困な市民は「受動市民」とされ、女性や植民地の有色人などとともに、政治的権利をあたえられなかった。ただし、賃金の地域差は大きく、ほとんどの男性が参政権を有した地域もあった。有権者数は、全成年男性の六割強にあたる約四三〇万人とされている。

民にのみ選挙権をあたえることを議会が決定した際、ロベスピエールはこう批判する。

あらゆる市民は、誰でも、あらゆる段階の代表となる権利を持っている。これほど諸君の人権宣言に合致することはないのであり、人権宣言に照らせば、どんな特権も差別も例外も消滅すべきなのだ。憲法は、主権は人民のなかに、人民を構成するすべての個人のなかにあると定めている。したがって、個人はそれぞれ、自らが拘束される法律の制定に参加し、自らの問題である公共の問題の運営に参加する権利を持っているのだ。そうでなければ、あらゆる人間は権利において平等であり、およそ人間たるものは市民であるというのは、正しくないことになる。……こうして、市民はそれぞれ、財産による差別なく、法律の制定に参加する権利を、したがって選挙人ないしは被選挙資格者になる権利を持っているのである。

国民主権を唱えながらも、国民は国民の代表に主権の行使を委ねざるをえないとしたロベスピエールにしてみれば、国民代表は全市民によって選出されなければならず、また、全市民が国民代表となる権利を持つべきであった。けれども、憲法制定国民議会は、租税上の基準に基づく制限選挙制を採用した。この点が、権利の平等を主張するロベスピエールの批判をまねいたのだった。

実際、ロベスピエールは、万人に政治的権利を確保するために努力した。一七九一年六月十九日には、選挙集会に参加することで時間と仕事を犠牲にする市民に対する補償を提案し、貧しい人びとが選挙に参加しうる手だてを講じようとした。また、一七八九年十二月二十三日には、俳優、プロテスタント、ユダヤ教徒に平等な市民権を要求し、さらに九一年の三月から五月にかけては、「黒人の友の会」に所属する議員らとともに、植民地の有色人が白人と同じ政治的権利を持つべきだと主張した。とはいえ、ロベスピエールは、コンドルセ▲やオランプ・ドゥ・グージュ▲とは違って、女性の選挙権に好意的な発言をすることはなかった。

ロベスピエールの批判は、財産資格に基づく権利の不平等一般、さらにあらゆる権利の不平等に及んだ。例えば、一七九〇年十二月五日には、国民衛兵から受動市民を排除していることを「社会契約の基礎をなす神聖な平等を犯すことになる」と批判し、九一年五月九日にも、請願権の行使を能動市民に限定す

▼コンドルセ（一七四三～九四）　政治家・思想家・数学者。啓蒙思想家の最後の一人。立法議会、国民公会の議員として公教育の実現に尽力した。ジロンド派に属して一七九三年七月に告発され、逃亡したが逮捕されて、獄中で自殺した。『人間精神進歩史』で進歩史観を提示したことでも有名。

▼オランプ・ドゥ・グージュ（一七四八～九三）　劇作家・活動家。革命前から多くの政治的著作を書いたが、一七九一年九月に「人権宣言」を「男の権利宣言」だと批判し、男女同権を主張する「女の権利宣言」を刊行した。政治的には穏健で、マラやロベスピエールを糾弾するパンフレットを書いたり、ルイ十六世の裁判ではルイの弁護人を買って出たりした。九三年七月に逮捕、十一月に処刑された。

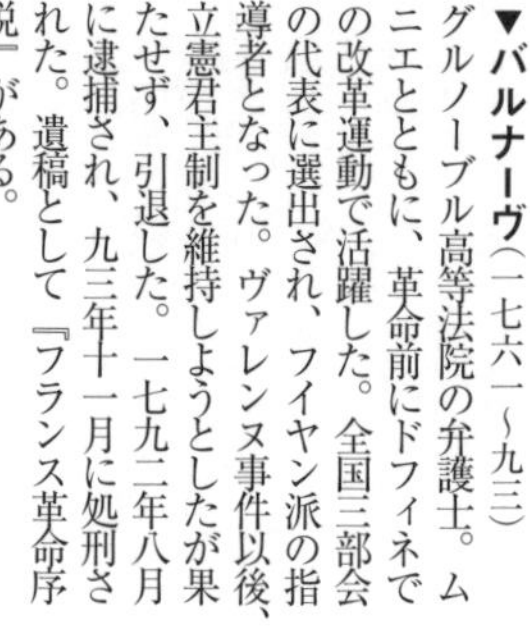

▼**バルナーヴ**（一七六一〜九三）　グルノーブル高等法院の弁護士。ムニエとともに、革命前にドフィネでの改革運動で活躍した。全国三部会の代表に選出され、フイヤン派の指導者となった。ヴァレンヌ事件以後、立憲君主制を維持しようとしたが果たせず、引退した。一七九二年八月に逮捕され、九三年十一月に処刑された。遺稿として『フランス革命序説』がある。

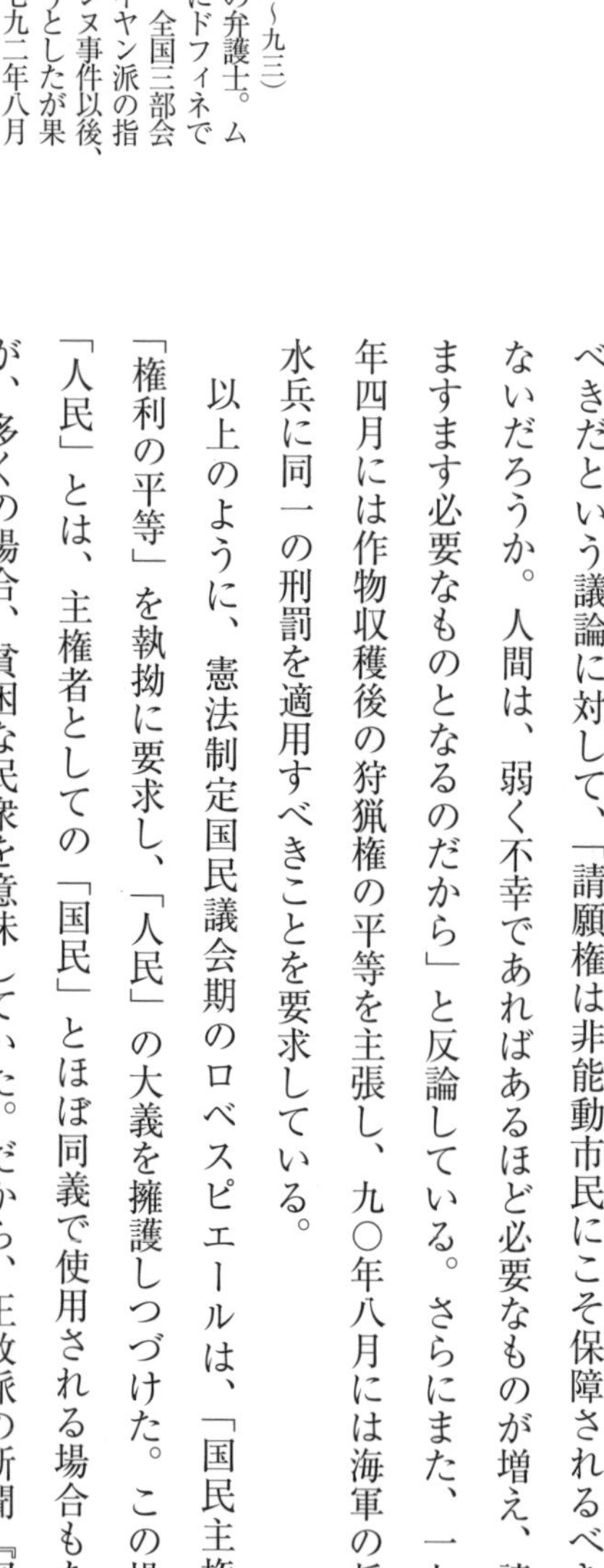

べきだという議論に対して、「請願権は非能動市民にこそ保障されるべきではないだろうか。人間は、弱く不幸であればあるほど必要なものが増え、請願がますます必要なものとなるのだから」と反論している。さらにまた、一七九〇年四月には作物収穫後の狩猟権の平等を主張し、九〇年八月には海軍の将校と水兵に同一の刑罰を適用すべきことを要求している。

以上のように、憲法制定国民議会期のロベスピエールは、「国民主権」と「権利の平等」を執拗に要求し、「人民」の大義を擁護しつづけた。この場合の「人民」とは、主権者としての「国民」とほぼ同義で使用される場合もあったが、多くの場合、貧困な民衆を意味していた。だから、王政派の新聞『国王の友』が、ロベスピエールを「下層民のドン・キホーテ」と形容したのも、あながち的外れではなかったのである。

国王の逃亡

一七九一年六月末、国王一家がオーストリアへの逃亡を企て、国境付近のヴァレンヌで発覚してパリに連れ戻されるという事件が起こった。このヴァレンヌ逃亡事件によって、国民の国王に対する信頼は失われ、外国によって支援された「陰謀」への疑惑に確証があたえられるかたちになった。バルナーヴ▲などの議会多数派が「国王は誘拐された」と主張して革命の終結を図ったが、この試みは成功しなかった。七月十七日には、コルドリエ・クラブ▲の主導で、シャン・ドゥ・マルス広場で国王廃位のための大衆的請願運動が敢行され、この運動は、ラ・ファイエット▲率いる国民衛兵の発砲によって血をみるかたちで鎮圧される（シャン・ドゥ・マルス事件）。しかも、ヴァレンヌ事件後、パリだけでなく地方からも国王の廃位を求める請願書などが出され、立憲君主制の崩壊プロセスが進行するのである。

　ヴァレンヌ事件は、ロベスピエールにとっても転機となった。生活面では、住居が変わった。逮捕の危険から逃れるために、一七八九年十月から住んでいたマレ地区のサントンジュ街をあとにして、ジャコバン派の支持者で指物師の親方であるデュプレのサン＝トノレ街の住居に移り住むことになるのである（ロベスピエールは、ここに最後まで滞在する）。

　他方、ヴァレンヌ事件は、ロベスピエールの言説にも無視しえない変化をも

▼コルドリエ・クラブ　一七九〇年六月にセーヌ左岸のコルドリエ修道院内に設置された民衆的な政治クラブ。正式名称は「人間と市民の権利の友の会」。ダントンやマラを擁し、受動市民や女性をも会員として受け入れ、民衆運動の組織化に中心的な役割を果たした。

▼ラ・ファイエット（一七五七〜一八三四）　自由主義貴族・将軍・政治家。アメリカ独立戦争に従軍して名声を博し、革命勃発後はパリ国民衛兵司令官となり、宮廷や貴族との妥協を実現しようとする「一七八九年協会」を創設した。一七九二年八月にオーストリアに亡命、ナポレオン没落後に帰国し、七月革命でも活躍した。左図はシャン・ドゥ・マルス事件以後、二つの顔を持つ人間として描かれたラ・ファイエット。

▼**ジャコバン・クラブ**　一七八九年十一月にパリのジャコバン修道院内に「憲法の友の会」の名で設立された。中心メンバーはつねに議会内の左派議員で、九一年夏までは立憲王政派、九二年夏まではジロンド(ブリソ)派、以後は山岳(モンターニュ)派が主導権をにぎった。ジャコバン・クラブの会員はジャコバン派と呼ばれる。ただし年会費が高かったこともあって、会員はブルジョワに限定されていた。テルミドール九日のクーデタを経て、九四年十一月に閉鎖された。左図はその内部。

たらすことになった。一七九一年六月二十一日のジャコバン・クラブ▲での演説で、ロベスピエールは、議会が「国王の逃亡を誘拐と呼ぼうとした」ことを「国民議会が国民の利害を裏切った証拠」と主張し、「私の同僚である議会のメンバーのほとんどすべて」を「反革命家」と非難した。この演説は、二つの点で注目される。

第一に、国王に対するロベスピエールの信頼が、完全に消滅した点である。ロベスピエールにとって、国王は裁判と処罰の対象とすべき「権力を持つ犯罪者」となった。ただし、ロベスピエールは、ただちに共和政への移行を主張したわけではない。「君主政」と「共和政」は言葉でしかなく、「君主と一緒でも自由でありうる」と考えていたからである。

第二に、議員の多くが「陰謀」に加担する「反革命家」だとされたことである。

議会に関する認識のこの変化は、当然のことながら、「国民主権」の再考を促さざるをえない。議員の多くが「反革命家」だとすれば、その意志を国民の意志と同一視することはできまい。実際、一七九一年五月十六日、ロベスピエ

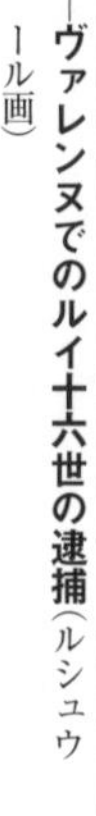

●—ヴァレンヌでのルイ十六世の逮捕（ルシュウール画）

●—デュプレの住居と自室におけるロベスピエール

ールによって提案された再選禁止法案は、腐敗した多くの議員を排除しようとするものだった。ロベスピエールは、その提案の際に、「人民がその権力を行使せず、人民自身がその意志を表明しないところでは、しかも代表者集団が腐敗しており、ほとんど人民と同一視されている場合には、自由は失われる」と述べている。こうしてロベスピエールは、国民自身による主権の行使を強調することに傾いていく。九一年七月十六日のジャコバン・クラブでの演説では、「人民の代表の大多数が腐敗しているとき、国民の救済を彼らにけっして期待すべきではない」と述べ、九一年八月十日の議会では、「国民はその代表を介してしかその権力を行使することができないとはいえないし、国民が所持していない権利があるともいえない」と述べることになるのである。

議会に関する認識を変えたロベスピエールはまた、公権力に対する警戒をより意識した発言をするようになる。一七九一年八月二十二日の議会では、「あらゆる国家において職権乱用に対する唯一有効な歯止めは世論である」と述べ、さらに翌八月二十三日にも、「悪事をおこなおうとする意図」の追求を正当化し、「然るべき地位にある人びとの行動に関して世論の検閲を行使する権利」

を要求する。そして、公権力の腐敗を防止するために必要な「世論の検閲」の行使として言論・出版の全面的自由を主張する。九一年九月二十九日、革命は終わった、だからもう協会やクラブは必要ない、と主張するル・シャプリエに対して、ロベスピエールは、協会やクラブを潰せば、「腐敗に対する最も強力な歯止め」を失うことになると反論するのである。

「革命の最後がやってきた」

一七九一年九月三日、ほぼ二年間に及ぶ憲法論議も終結し、九月十三日には国王によって憲法が承認される。そして憲法制定国民議会はその解散前に「革命の最後がやってきた」と宣言する。だが、ヴァレンヌ事件とその後の経緯を目にしたロベスピエールにとって、当時の政治情況は「革命の最後」からはほど遠く、「この革命の危機的段階」と形容すべき情況だった。

一七九一年九月三十日、憲法制定国民議会の解散の日だった。ロベスピエールは、この議会最後の日に特別な体験をすることになる。ペチヨン▲とともに議会を出たロベスピエールは、民衆による拍手喝采と「自由万歳！　ロベスピエ

▼ペチヨン（一七五六〜九四）　弁護士。全国三部会に第三身分代表として選出され、ロベスピエールらとともに民主的立場をとって人気を博した。ヴァレンヌ事件後には王の裁判と共和主義運動を支持してさらに人気となり、一七九一年十一月にはパリ市長に選出された。しかし国民公会議員に選出されると、ジロンド派に属してロベスピエールと対立し、九三年六月のジロンド派追放後、逃亡先で自殺した。

ール万歳！　清廉の人万歳！」という歓呼に迎えられ、祖国愛と清廉潔癖の証（あかし）としてカシワの葉の冠を捧げられるのである。エベール▲の新聞『デュシェーヌ爺（じい）さん』は、ロベスピエールとペチヨンの二人に「人民をつねに擁護した勇敢な連中」という別れの言葉を贈る。かつて「ルソーの霊への献辞」のなかで、「やがて人民の感謝の念が、同時代の人びとが彼にあたえることを拒んだ栄誉で彼の記憶を包むときがやってくる」と記して、同時代の栄誉を期待していなかったロベスピエールにとって、これは予想外の体験だったのではなかろうか。

アラースへの帰郷

ロベスピエールは、憲法制定国民議会において自ら提案し可決された再選禁止規定の適用を受けて、議会の解散後に野に下る。そして一七九一年十月初めから十一月末にかけて、アラースに帰郷するのである。

故郷アラースでの歓待ぶりも大変なものだった。しかしながら、ロベスピエールの変化という点で注目されるのは、宣誓拒否司祭▲のミサの最中に生じた「奇跡▲」を目撃して、「司祭の力」に目を開かされたことであった。司祭は、

▼エベール（一七五七〜九四）　革命初期には穏健であったが、一七九一年にコルドリエ・クラブに加入し、新聞『デュシェーヌ爺さん』で国王を公然と批判して以後、急進的な立場をとるようになった。生存権を保障する必要や人民主権を説き、パリ民衆に影響力を持った。しかし九三年末からダントン派やロベスピエール派と対立し、九四年春、「外国の陰謀」との関わりを理由に、ロベスピエール派によって逮捕・処刑された。

▼宣誓拒否司祭　一七九〇年七月に憲法制定議会で採択された「聖職者市民化法」によって課された「国民と法と王」に対する誓約を拒否した司祭。信徒との関係が深い司祭の

「無知な人びと」を「革命の新たな敵に仕立てあげる」存在であり、宗教の問題を「革命や政治の問題」へと媒介しうる存在だと知った。こうしてロベスピエールにとって、「寛容や礼拝の自由」は「革命や政治の問題」と不可分なものとなり、彼の言動も変化することになるのである。

まず、聖職者に関する言動が変化する。「アラース」以前のロベスピエールは、聖職者を市民と区別せず、市民に適用されるべき「権利の平等」という原理を聖職者にも適用すべきだと主張していた。聖職者市民化法▲を支持したのも、この原理に立ってのことであった。しかしながら、「司祭の力」に気づいた「アラース」以後は、司祭の政治的影響力をできるだけ排除しようとする。一七九一年十二月十八日の演説では、「国内の敵」が革命に対抗する最強の手段として「司祭と迷信の力」をあげ、「煽動(せんどう)的な司祭を処罰する」ことが必要だと述べた。翌九二年十月二十八日にも、司祭による「中傷」が「迷信」を武装させたと非難し、さらに九三年七月二十四日、宣誓拒否司祭をギアナに流刑にしようとする法案の審議では、宣誓拒否司祭を「影響力の大きいペスト」と形容し、法案の施行を強く要請したのである。

半数近くが誓約を拒否したため、フランスの分裂がもたらされることになった。

▼**「奇跡」**　パリの下宿先の主人デュプレに宛てたロベスピエールの手紙には、こう記されている。「ミサの途中で一人の男が今まで持っていた二本の松葉杖をなげだし、膝を伸ばし、歩きだした」。その直後にその場に来たこの男の妻が、その話を聞いて「卒倒し、意識を取り戻すと神に感謝し、奇跡だと叫んだ」。

▼**聖職者市民化法**　一七九〇年七月に憲法制定議会が採択した法律。宗教領域にも平等化・統一化という原則を適用したもので、財政・司法特権を失った聖職者を市民として国民に統合し、その代わりに国家が俸給を支給するものだった。しかし聖職者の選出は住民の投票に委ねられ、その際に「国民と法と王」への誓約が求められた結果、司教はほぼ全員、司祭はほぼ半数が誓約を拒否した。とくに九一年三〜四月に教皇がこの法に反対したため、教会分裂は決定的になった。

アラースでの経験は、また「人民」を問題とせざるをえなくした。もちろん、ロベスピエールは、「善良」ではあるが「無知」な「人民」という、啓蒙(けいもう)思想に由来する人民観を抱いてアラースでの出来事に遭遇した可能性が高い。けれども、アラースでの経験の意味は小さくなかった。第一に、アラースでの事件をとおして、ロベスピエールの人民観は具体的な経験の裏付けをもって確認され、強化されることになった。この人民観が、「アラース」以後の民衆の行動を解釈する際の枠組みとなっていく。第二に、ロベスピエールは、アラースでの経験によって「人民」の「無知」の革命にとっての危険性を痛感し、「人民」の「教育」を考えざるをえなくなった。第三に、ロベスピエールは、アラースでの「奇跡」の目撃によって「人民」の礼拝への性向を認め、礼拝の自由を主張することになった。「アラース」以前は、市民の権利という観点から礼拝の自由を支持したのに対して、「アラース」以後は、「革命や政治の問題」として礼拝の自由を主張することになるのである。

▼フイヤン派　フランス革命期の立憲君主主義者グループ。一七九一年七月、ジャコバン・クラブが分裂し、この段階で革命を終結させようとする穏健な議員グループがフイヤン修道院に移動し、フイヤン・クラブを結成した。ラ・ファイエットやバルナーヴなどが主要メンバー。立法議会ではブリソ派(ジロンド派)と対立した。

対外戦争

一七九一年十一月二十八日、ロベスピエールはパリに戻った。

すでに立法議会が十月一日から始まっていた。再選禁止規定のため、七四五名の議員全員が新人だった。その内訳は、フイヤン・クラブの所属議員(フイヤン派▲)が二六四名、ジャコバン・クラブの所属議員(ジャコバン派=ブリソ派▲)が一三六名、残りの約三〇〇名が中間派▲だった。しかしもう、議会における決定は、議員だけのものではなかった。傍聴席に陣取る民衆、新聞や民衆クラブの声、そして多くの地方支部に立脚して展開されるパリのジャコバン・クラブの運動。これらの要素が議会の決定を左右しつつあった。このような政治力学の変化があったために、ジャコバン・クラブに政治活動の場を移したロベスピエールが、政治的影響力を行使しつづけることが可能だったのである。

パリに戻ったロベスピエールの前には、戦争の問題が浮上していた。一七九一年六月のヴァレンヌ逃亡事件、八月のピルニッツ宣言によって、フランス革命はヨーロッパの問題になっていた。ブリソやヴェルニョ▲らのブリソ派の議員は、革命が困難に直面しているのは国内の陰謀が外部の敵と結びついているか

▼ブリソ派(ジロンド派)　立法議会の左派をなした共和主義議員グループ。当時はジロンド派と呼ばれるよりも、その指導者ブリソの名をとってブリソ派と呼ばれることが多かったが、十九世紀には、有力なジロンド県選出議員が目立ったのでジロンド派と呼ばれた。民衆運動との提携を警戒してしだいに保守化し、国民公会では右派を形成した。

▼中間派　政治的態度がはっきりしない議員グループを指す。中間派の投票行動が議会内の力関係を左右したが、概して中間派は、フイヤン派からブリソ派(ジロンド派)へと支持を移してゆく。

▼ヴェルニョ(一七五三〜九三)　弁護士。一七八九年から革命の熱烈な支持者で、九〇年四月のボルドーのジャコバン・クラブの創設者の一人。立法議会議員に選出されると亡命貴族と宣誓拒否聖職者を非難する演説をおこない、ブリソを支持して開戦論を展開した。国民公会に選出されるとパリと山岳派に対するジロンド派の闘争に加わり、九三年七月に逮捕、十月に処刑された。

らだとし、亡命貴族の集結地であるコブレンツへの進軍を主張していた。宮廷も、敗戦とそれによる革命の転覆を期待して、戦争に好意的だった。

アラースから戻った九一年十一月二十八日の夜、ロベスピエールがジャコバン・クラブに足を運ぶと、そこでも好戦的な雰囲気が支配していた。そして彼も、この日は戦争肯定論をぶった。けれどもそれから二週間後には、戦争反対に転じる。とはいえ、ロベスピエールは、戦争それ自体に反対なのではなく、「国外のわれわれの敵と同盟した、国内のわれわれの敵の陰謀の結果」としての戦争に反対だったのである。そしてロベスピエールの疑念は、国外の敵よりも「国内の敵」、とくにブリソ派の議員に向けられる。「悪の本拠は、コブレンツにはない。それは、われわれのなかにあるのだ。諸君の内部にあるのだ」と。

こうしてロベスピエールは、戦争反対を強硬に唱える。けれども、戦争熱が過熱するなか、彼の言葉に耳を貸す者はほとんどいなかった。九二年四月二十日、立法議会において、ルイ十六世の提案に基づき、ほぼ全会一致(反対は七名)でオーストリアに対して宣戦布告がなされるのである。

ロベスピエールは、開戦後、開戦が決定したからには、「宮廷や陰謀家のた

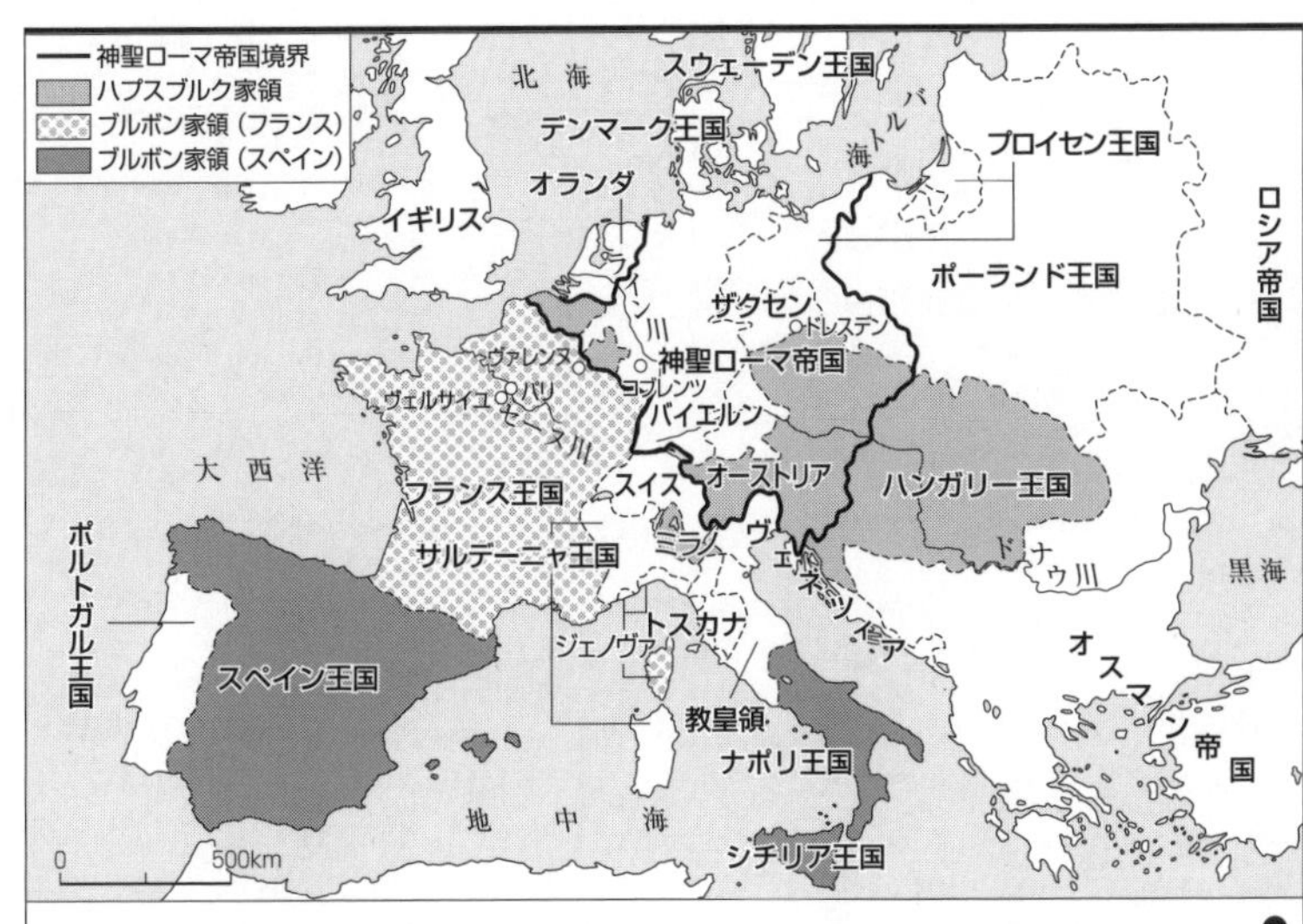

●—**フランスの対外戦争前のヨーロッパ**　一七九一年八月、オーストリア皇帝レオポルト二世とプロイセン国王フリードリヒ・ヴィルヘルム二世はドレスデンのピルニッツ宮殿で共同宣言を出し、ルイ十六世の擁護のために最も有効な手段をとるべきことをヨーロッパの全君主に訴えた。

●—**ブリソ**（一七五四〜九三）　革命前は文筆家。「黒人友の会」の創設者の一人。パリから全国三部会に選出されることを望んだが失敗し、三部会開催後に『フランスの愛国者』を発刊して最後までジャーナリスト活動を続けた。ヴァレンヌ事件後には共和主義運動を展開、立法議会議員にパリから選出され、開戦論を主導した。しかし国民公会ではロベスピエールらの山岳派と対立し、一七九三年六月に失脚、十月に処刑された。

めの戦争」ではなく「人民のための戦争」をすることが必要だと主張し、とくに「内戦を防ぐための手段」を講じるよう求めた。「内戦を防ぐための手段」とは、「人民」の「無知」と行政権力や議員の腐敗への対策であった。こうしてロベスピエールは、一方では、九二年五月中旬に『憲法の擁護者』を刊行し、「無知と分裂」に対処するために「善良な市民たちの拠り所と結集のための標識」としての憲法を擁護する論陣を張る。他方では、行政権力や議員の腐敗に対して、言論・出版の自由、とりわけジャコバン・クラブによる監視を主張するのである。

「憲法の擁護者」からの転換

対外戦争は、ロベスピエールを復権させることになった。開戦直後の相次ぐ軍事的敗北によって、宮廷や将校の裏切りを警告して反戦を主張したロベスピエールの情況判断の「正しさ」が確証されるかたちになったからである。だが、開戦によって生じたより重大な結果は、民衆運動の高揚であった。フランス軍が敗北するのは、国王や将校が裏切るからだと考えられ、世論がますます国王に敵対的となった。こうしてオーストリア・プロイセン連合軍の侵入の危機が迫るなか、一七九二年八月十日には、パリ民衆が地方から来た連盟兵とともにチュイルリ宮殿を襲撃し、王権は停止されることになる。

八月十日の民衆蜂起に先立って、ロベスピエールも憲法擁護の立場からの変化をみせはじめる。七月十四日発行の『憲法の擁護者』第一〇号において、連盟兵がパリの愛国者と団結するように提案したのに続いて、七月二十日には、ジャコバン・クラブで「諸君が人民を救うつもりがないなら、そう人民に宣言せよ。人民自身が自らを救うために」と述べる。さらに七月二十九日には、「国家は、いかなる手段によっても救われなければならない。だから、国家の破滅につながることほど、憲法に反するものはない」と述べて、「憲法の擁護者」という立場を放棄する。そして、「われわれの災禍の主要な原因は、行政権力とともに立法府のなかにある。……したがって、行政権力と立法府の再生が必要である。……われわれが陥っている巨大な危機は、まさに、人民に対して人民の代表者の大部分が陰謀をたくらんでいる点にある」と述べたのである。

こうしてロベスピエールは、政治体制としての王政の廃止だけでなく、男性

▼**オギュスタン・ロベスピエール**（一七六三〜九四）　弁護士出身の政治家。パ＝ドゥ＝カレ県（県庁所在地はアラース）の行政官を務めたあとで国民公会議員に選出され、兄と同じ政治的立場をとった。テルミドール九日のクーデタでも、自ら希望して兄と運命をともにした。南仏へ派遣されていたときにナポレオンと知り合い、その能力を高く評価している。

普通選挙に基づいて「国民公会」を招集し、憲法を改正すべきだと主張した。その際ロベスピエールは、あらゆる「陰謀家」を議会から遠ざけるために、憲法制定国民議会と立法議会の議員全員が国民公会に選出されることを禁止する提案をおこなった。この提案は、今回は議員たちに受け入れられなかった。その結果としてロベスピエールは、パリ選出議員二四人のうちトップで当選し、ふたたび議員の仲間入りをすることになる。ロベスピエールの弟オギュスタン▲も、二四人中一九番目でパリから国民公会議員に選出される。ロベスピエール兄弟以外にも、ダントン、マラ、デムランなど、将来の山岳派の中核を担う人びともパリから選出された。それとは対照的に、パリから国民公会に選出されたブリソ派（ジロンド派）の議員は、一人もいなかった。コンドルセもヴェルニヨも、そしてブリソ当人も、パリ以外の地域で選出されて国民公会議員となったのである。

③―権力掌握に向けて

「世論による専制支配」

一七九二年九月二十一日に開会された国民公会は、ただちに王政の廃止を可決し、翌日には「全公文書に以後フランス共和国第一年と記す」ことを法制化した。七四九名の議員のうち約二八〇名が、憲法制定議会か立法議会の議員を経験していた。国民公会では、ブリソやヴェルニョなどの「ジロンド派」が右派を、ロベスピエールやダントンやマラ▲などの「山岳派」が左派を形成し、両派に属さない議員である「平原派」が過半数を占め、その動向が議会内の力関係を左右することになった。

国民公会の招集直後から、ジロンド派はロベスピエール攻撃を展開し、ロベスピエールも反撃する。しかし、ロベスピエールとジロンド派との非難の応酬が本格化するのは、一七九二年十月末から十一月初旬にかけてであった。十月二十九日、ジロンド派のルベキ▲が「私は、ある個人が他の場所〔ジャコバン・クラブ〕でなしえた言葉による専制支配をここ〔国民公会〕ではおこなわない

▼**マラ**（一七四三〜九三）　もともと医者だったが、革命勃発とともに『人民の友』を刊行してパリ民衆に支持された。国民公会議員に選出され、山岳派の指導者の一人となるが、一七九三年七月にシャルロット・コルデに入浴中に殺害された。この殺害は、ダヴィドの絵画「マラの死」（左図）の題材にもなった。

▼**ルベキ**（一七六〇〜九四）　革命初期には地方の役人だったが、国民公会議員に選出され、ジロンド派に所属した。国王裁判では国王処刑に賛成投票し、その後議員を辞職したが、一七九三年六月二日に追放され、マルセイユに逃亡。南仏を国民公会に対して蜂起させようとしたが思うようにいかず、九四年五月に自殺した。

よう要望する」と述べたのに続いて、ルヴェが、ロベスピエールは、ジャコバン・クラブにおいて「独裁権力」を渇望し、「偶像崇拝の的」となっていると非難したのである。このルヴェの非難に対してロベスピエールも、十一月五日、こう反論した。

　私は、なぜ非難されているのだろうか。独裁や三頭政治、あるいは護民官の地位にたどり着くために陰謀を企てたというのである。……そのような計画を実行するには、王権を倒すだけでなく、立法府を消滅させること、とくに立法府が国民公会にとって代わられないようにすることが必要だった。……ルヴェのいうことを信じるなら、私はジャコバン・クラブにおいて世論による専制支配をおこなったのであり、この支配は独裁の前兆としか考えられないという。だがそもそも、世論による専制支配、とりわけ、諸君自身がいっているように、最も熱烈な愛国者とみなされている一五〇〇人の市民から構成され、自由な人間からなる協会〔ジャコバン・クラブ〕における世論による専制支配とはいったい何を意味するのかが、私にはわからない。もしそれが諸原理の当然の支配を意味するのであれば、話

▼ルヴェ（一七六〇〜九七）　革命前は書店の店員で、革命期にかけて小説や戯曲を書いた。一七九一年十二月に王族と亡命貴族を告発する請願書を議会で読み上げ、内務大臣ロランの出資で新聞『歩哨』を刊行した。国民公会議員に選出されて以後はロベスピエールらを激しく攻撃し、九三年六月二日には粛清の対象となったが、最終的にスイスに逃亡した。九四年十月に帰国、総裁政府の五百人会にも選出されたが、三七歳の若さで死亡した。

▼三頭政治　三頭政治は、共和政末期ローマの有力政治家が元老院の権威を排除してとった独裁的な政治形態。護民官も古代ローマの公職の一つで、身体は神聖不可侵とされ、元老院決議に対する拒否権を持つなど、大きな権限を持った。「フランス革命はローマの衣装を借りて演じられた」(マルクス)といわれるように、革命家は古代ローマの制度や人物に言及することが多かった。左図の左からダントン、マラ、ロベスピエール。

▼**人民協会**　全国の都市を中心に設立された政治クラブ。一七九二年以後、民衆運動の高揚とともに急速に増大し、山岳派の急進的政策を支え、革命的な世論の形成・発展に寄与した。パリでは、九三年九月にセクション総会が週二回に制限されたため、それを補うために創設されたが、九四年春のエベール派の粛清後に閉鎖された。

は別であるが。ところで、この支配は、それらの原理を述べる特定の人間に属するものではなく、普遍的な理性の支配、そしてこの理性の声を聞こうとするあらゆる人びとの支配なのである。それは、憲法制定議会の私の同僚の、立法議会の愛国者の、そして自由の大義をつねに擁護したあらゆる市民の支配なのだ。

ルイ十六世と彼の仲間の意図に反して、ジャコバン・クラブや人民協会▲の意見はフランス国民の意見だということが、経験によって示された。いかなる市民もその意見を創り出さなかった。私はただ、それを分かち持ったにすぎなかったのだ。（傍点部分は原文イタリック）

ここにみられるように、ロベスピエールは、ジロンド派の独裁非難に対して、独裁を実現するためには、「立法府を消滅させること」が必要だったとして、独裁批判を斥（しりぞ）けている。また、「世論による専制支配」というルヴェの批判に対しては、その支配は「ある特定の人間」の支配ではなく、「諸原理の当然の支配」「普遍的な理性の支配」だと主張している。さらに注目されるのは、「ジャコバン・クラブや人民協会の意見はフランス国民の意見なのだ」とされ、

「私はただ、それを分かち持ったにすぎなかったのだ」と主張されている点である。

国王の裁判

一七九二年秋の国民公会の論議は、国王の裁判の問題を中心に展開する。その際問題となったのは、一七九一年憲法が「国王の身体は不可侵で神聖である」と規定していたことだった。憲法に基づいて国王を裁くことが可能なのか。この問題に関する議会の態度を方向づけるうえで決定的だったのは、サン＝ジュスト▲とロベスピエールが、国王裁判に新たな意味をあたえたことだった。まず、九二年十一月十三日に、サン＝ジュストが、国王は市民共同体の構成員ではなかったのだから、九一年憲法で定められた市民としてではなく、敵・叛徒として裁かれるべきだと主張したのに続いて、十二月三日にはロベスピエールも、こう主張したのである。

ルイは国王だった。そして共和国が樹立された。諸君が取り組んでいる問題は、これらの言葉のみで決着がついている。ルイは、その犯罪のゆえに

▼**サン＝ジュスト**（一七六七〜九四）　国民公会議員。公安委員会のメンバーでロベスピエール派。ライン軍に派遣されて規律の再建などに能力を発揮したが、テルミドール九日のクーデタでロベスピエールとともに逮捕、処刑された。

ルイ十六世の処刑

王位を剝奪されたのだ。……戦勝と人民は、彼のみが叛徒であるという裁定を下した。したがってルイは裁かれえない。彼はすでに裁かれているからだ。彼がすでに断罪されてしまっているか、共和国が無罪放免されないか、そのどちらかなのである。

以上のように、サン＝ジュストとロベスピエールは、国王という特異な地位、王政という制度自体の犯罪性を主張し、王政と革命（共和国）、国王と市民は両立しないとして、その二者択一を議員たちに突きつけたのである。では、ルイにどのような刑罰を課すべきなのか。ロベスピエールは、かつて死刑廃止論を唱えたことを意識しながら、国王の犯罪という特異な性格を強調し、こう述べる。

私は、諸君がいまなお憲法制定議会と呼ぶ議会で死刑の廃止を要求した。……そう、死刑一般は犯罪なのである。……けれども国王の存在は、投獄によっても追放によっても、公共の幸福にとって無関係なものとはならない。そして司法によって承認されている通常の法律へのこの残酷な例外は、ひとえに国王の犯罪の性格によるのである。……祖国が生き延びねばなら

▼**ピット**（在任一七八三〜一八〇一、一八〇四〜〇六）　フランス革命期のイギリス首相。フランス革命が勃発すると、一七九三年、九九年、一八〇五年と三度にわたって対仏大同盟を結成し、革命フランスの国際的拡大に対抗した。

▼**デュムリエ**（一七三九〜一八二三）　貴族出身の軍人・政治家。ジャコバン・クラブで名をあげ、開戦を積極的に主張し、一七九二年三月にはブリソの推薦で外務大臣となった。ヴァルミ、ついでジェマップの戦いで勝利するが、九三年三月、ベルギー戦線のネールヴィンデンで敗北し、敵に寝返った。その後、逃亡・亡命した。

ないがゆえに、ルイは死なねばならないのだ。

こうして一七九三年一月十七日、議員の投票によってルイの死刑が確定する。そして一月二十一日の朝、国王はギロチンの露と消えるのである。

内外の危機と「陰謀のシステム」

国王処刑以後、フランス内外の危機が深刻化した。対外的には、ピット▲率いるイギリスが、ルイの処刑によって態度を硬化させたスペイン、ロシアなどの諸国とともに第一回対仏大同盟を形成した。一七九三年三月二十一日には、フランス軍がベルギー戦線で敗北を喫し、デュムリエ▲は敵に寝返って戦局は悪化へと向かう。他方、フランス国内でも、二月から三月にかけてパリで食糧騒擾（そうじょう）が頻発した。また、一七九三年二月二十四日に国民公会が三〇万人の募兵を実施すると、フランス各地で反乱が勃発し、とくに西部の「ヴァンデ」では共和国を脅かす内乱に発展した。ロベスピエールは、九三年春のこの内外の危機をどうとらえたのだろうか。

ロベスピエールによれば、この危機は「陰謀のシステム」に起因するもので

▼**サン＝キュロット**　当時の貴族が着用していたキュロット（半ズボン）をはいていない者の意味。とくに一七九二年八月十日事件以後、政治活動に熱心なパリの住民を指して用いられた。パリのセクションを場に運動を展開し、議会とは別個の政治勢力をなした。

あった。「人民」を飢えさせて騒擾を引き起こそうとするピットの「策謀」が食糧不足の一因であり、パリの食糧騒擾の原因も、「自らの貧困を緩和する手段を探し求めようとする人民の本来的性向」と「自由の敵、人民の敵の邪悪な意図」にあった。したがって食糧騒擾への対策も、「大衆の貧困を緩和すること」と「真の扇動者、われわれの災禍の真の犯人を罰すること」の二つであった。このように、一七九三年春の食糧騒擾の基本的原因は、「人民」を飢えさせ騒擾を引き起こそうとするイギリス首相ピットをはじめとする「人民の敵」の「陰謀」に求められている。

一七九三年春の内外の危機の際のロベスピエールの発言でさらに注目されるのは、「陰謀家」が「人民」や「人民」の組織の内部にまで浸透している、とされている点である。二月から三月にかけての食糧騒擾に関しても、誠実な市民のかたわらに「サン＝キュロット▲の尊敬すべき服を着た外国人と大金持ち」がいたと主張されている。さらに三月十三日のジャコバン・クラブでの演説では、「陰謀家」が「セクション」や「人民協会」などの「あらゆる集団」に紛れ込み、「世論」を惑わしていると述べられている。そして「陰謀家」の監視とパリからの追放が主張されている。

ロベスピエールが言論・出版の自由を否定するにいたるのも、そのような情況認識と関連していた。一七九三年三月六日には、「陰謀の最も恐ろしい武器」は「最も敵意に満ちた文書の発行」であり、それによって「世論」が惑わされてきたと主張し、四月十七日には、「外国の敵によって買収された新聞」の禁止を主張する。さらに四月十九日には、「平穏な状態では支配的であるべき〔言論・出版の〕無制限の自由の原理にたとえ反しようとも、現在においては必要なのである」と述べて、「言論・出版の自由」を明白に否定する。つまりロベスピエールは、例外的な情況に訴えて言論・出版の自由に反する措置を正当化し、かつての立場とは一八〇度異なる立場をとったのである。

ジロンド派の没落

内外の危機が深刻化するなかで、ジロンド派の言動の背後に隠された意図に対するロベスピエールの告発も激化する。こうして山岳派とジロンド派との闘争が激しくなったとき、コンドルセは、一七九三年四月十日、「人間の意図に関する危険な追求が、事物それ自体の思慮深い検討にとって代わってしまった」と悲しみをもって記すことになる。

とはいえ、ロベスピエールは、民衆蜂起によってジロンド派を排除することにはなお慎重であった。ジロンド派の排除は、国民公会の内部で合法的に解決されるべきだと考えており、一七九三年四月から五月半ばにかけて何度も民衆に平静を保つよう訴えている。五月十二日にも、「私が国内の敵に対する暴力という考えをすべて遠ざけていることに気づいてほしい」と述べている。実際、ロベスピエールが「人民」に蜂起を訴えるのは、病気▲による長期欠席（五月十三日〜二十四日）のあと、五月二十六日のことにすぎない。「私は人民に訴える、すべての腐敗した議員たちに対して蜂起し、国民公会のなかに進入せよ」と。

パリ民衆による蜂起が起こったのは、それから五日後の五月三十一日だった。ロベスピエールは彼らを支持し、「デュムリエの仲間すべてと請願者たちによって指名された者すべてに対する告発決議」を要求したが、これは成功しなかった。だが六月二日には、約八万の民衆が国民公会を包囲し、国民衛兵の武力を背景に、ジロンド派の指導者二九人の逮捕決議を国民公会から獲得する。こ

▼ロベスピエールと病気　ロベスピエールはけっして頑健でなく、ストレスや疲労のためにたびたび病気になり、公の場から姿を消した。とくに国民公会期には、一七九二年の十一月六日〜三十日、九三年の五月十三日〜二十四日、九月十九日〜十月三日、九四年の二月六日〜三月十一日、四月十九日〜五月六日と、何度も長期にわたって体調をくずし、政治の場に姿を見せなかった。また、ロベスピエールは、議会やジャコバン・クラブで自分の身体的疲弊をたびたび吐露した。

うして山岳派が国民公会を支配することになるのである。

ロベスピエールの「人権宣言」

ロベスピエールは、革命の開始以来、政治的平等については頻繁に発言したが、社会的平等にはほとんど言及していない。しかし、一七九二年末から九三年春にかけて、食糧騒擾が頻発しジロンド派との抗争が激化するなかで、所有権や生存権などについて語るようになる。十二月二日の国民公会では、「社会の第一の目的は何か。それは、人間の譲渡しえない権利を維持することである。これらの権利のうち第一のものは何か。生存する権利だ」と述べ、「生活を維持するために不可欠なものはすべて社会全体の共有財産である。余剰だけが個人財産であり、商業に委ねられる」べきだと主張する。

さらに、一七九三年四月半ばから憲法委員会の人権宣言案が国民公会で議論されるが、ロベスピエールはその議論に何度か介入している。四月二十四日には、「財産の平等」は「空想」であり、「農地均分法」は「愚か者を恐怖に陥れるためにペテン師によって創り出された亡霊」であるとしながらも、所有権を制限しようとする。「諸君が、人間の所有物のなかで最重要なものである自由を、人間が自然から受け取った最も神聖な権利と定義して、自由は他人の権利によって制限されると述べたのは正当であった。なぜ諸君は、この原理を一つの社会制度である所有権に適用しなかったのか」と。実際、ロベスピエールがこの日提案した人権宣言私案の第七条は、「所有権は、他のあらゆる権利と同じように、他人の権利を尊重する義務によって制限される」と規定している。そして、「財産の極端な不均衡が多くの災禍と多くの犯罪の源」であるとし、「財産の極端な不均衡」を緩和する手段として、所有権の制限以外に、累進課税、赤貧を対象とする税金の控除、「あらゆる人間とあらゆる国民をむすびつける友愛の義務と相互扶助への彼らの権利」を提唱している。

しかし、ロベスピエールが「財産の極端な不平等」を緩和しようとするのは、何よりも「徳」という観点からであった。一七九一年四月五日の相続法に関する議論の際に、ロベスピエールは「平等はすべての善の源泉であり、極端な不平等はあらゆる悪の源泉である」「一部の個人が何百万人もの人びとの生活の資をむさぼり食うことができるような国で、いかなる徳、いかなる幸福が存在

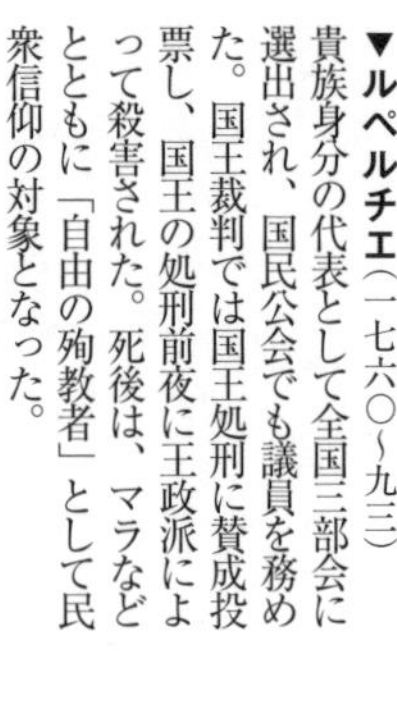

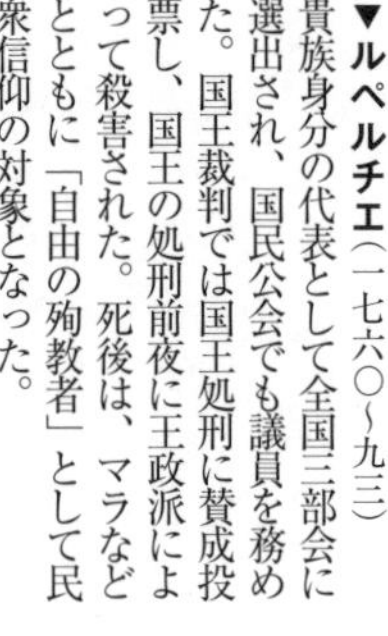

▼**ルペルチエ**（一七六〇〜九三）貴族身分の代表として全国三部会に選出され、国民公会でも議員を務めた。国王裁判では国王処刑に賛成投票し、国王の処刑前夜に王政派によって殺害された。死後は、マラなどとともに「自由の殉教者」として民衆信仰の対象となった。

しえようか」と問いかけ、「財産の極端な不平等を緩和する」ために均等相続の貫徹を求めたのである。

一七九三年六月二十四日、国民公会は九三年憲法を可決し、男性普通選挙や法律案に関する一種の人民投票などを定めるとともに、その前文の権利宣言では、一七八九年の「人権宣言」で提示された権利に加えて、万人のための教育、「不幸な市民」に対する公的扶助、圧政に対する蜂起などの権利が保障された。ロベスピエールも、この憲法を「民衆的」であると同時に「賢明な」憲法であると評価している。

一七九三年憲法の採択後、封建制の無償廃止や買占め防止に関する法など、国民公会は一連の重要な法案を採択したが、ロベスピエールはこれらの法案に関する議論に参加していない。ロベスピエールが関心を持ったのは「万人のための教育」であり、七月十三日と七月二十九日の二度にわたって、故ルペルチエ▲の教育案を国民公会で報告している。この教育案は、若い男女を数年間、家庭と社会から隔離して寄宿舎で教育することによって、法を尊重し一般利害を優先する共和国の市民を養成しようとするものであった。

④―弁論家ロベスピエール

演説家ロベスピエール

ロベスピエールは、全国三部会の当初は無名の一議員にすぎなかったが、一年後にはフランスで最も知られた革命家の一人となり、一七九三年七月末には公安委員会の委員に選出されるまでになった。これは、もちろん、ロベスピエールの言論活動のなせるわざであった。

とはいえ、ロベスピエールが演説家として身体的・技術的に恵まれていたわけではなかった。身長は低く痩せており、視力が弱く眼鏡を必要とした。演壇での身振りもわずかで、声量も乏しく、アルトワ訛り(なま)もひどかった。しかも、原稿を読むことがしばしばだった。ミラボーやダントンのように、堂々たる体躯(たいく)と雷鳴のような声を持ち、大きな身振り手振りと即興的な演説で聴衆の気持ちをつかみ熱狂させる雄弁家とは対照的であった。

だがロベスピエールには、これらの欠点を補ってあまりある演説家としての資質があった。ビヨ＝ヴァレンヌ▲は、その回想録のなかでこう述べている。

▼ビヨ＝ヴァレンヌ(一七五六〜一八一九)　革命前は弁護士。パリから国民公会に選出され、一七九三年九月に公安委員会のメンバーとなった。最初は、ロベスピエールやサン＝ジュストらと協力して公安委員会の運営にあたったが、九四年六月からの大恐怖政治を機にその独裁を批判する側にまわった。テルミドール後の九五年に恐怖政治の責任を問われてギアナに流刑にされ、その後自由の身になったが、ナポレオンやルイ十八世のフランスに戻ることを拒否し、最後は「自由を必要とする地」と考えたハイチに居を定め、そこで死去した。

人は、憲法制定議会のときから、彼〔ロベスピエール〕がすでに大変な人気を博し、清廉の士という称号を獲得したことを忘れているのだろうか。人は、立法議会のあいだ、彼の人気が増すばかりだったことを忘れているのだろうか。人は、国民公会において、ロベスピエールがすぐにただ一人、その身にすべての人びとの視線を集め、大変な信頼を獲得し、この信頼のゆえに卓越した立場に立ったことを忘れているのだろうか。そして彼が公安委員会に入ったときには、すでにフランスで最も重要な人物であったことを。どうして彼が世論に対してあれほどの影響力を持つにいたったのか、と問われれば、それは、最も厳格な徳、最も絶対的な献身、最も純粋な原理を誇示したことによる、と私は答えるであろう。

なぜ、ロベスピエールは「世論」に対して大きな影響力を持ち、革命期の最重要人物となったのか。この問いに対するビヨ＝ヴァレンヌの回答は、ここまで本書を読まれた読者には、納得できるものではなかろうか。とくに憲法制定議会期のロベスピエールは、徳を強調し、国民主権と権利の平等という原理の実現をつねに要求し、革命と人民の大義の擁護に全生活を捧げている、と公言してはばからなかった。この場合の「人民」とは、主権者としての「国民」を意味することもあったが、多くの場合、貧困な人びとを意味して使用された。いいかえれば、ロベスピエールは、「人民」の両義性に依拠しながら、政治的には国民主権の擁護者であり、社会的には貧困な人びとの友であるという自己イメージを演出したということになろう。

このようなロベスピエールの演説に対して議会がどう反応したかは、容易に想像されよう。ロベスピエールの演説はほとんど耳を貸されなかったばかりか、「彼〔ロベスピエール〕が、何も所有せず、なんら税金を支払わない貧乏人のために語ろうとしていることがわかった。人びとは彼の言葉をさえぎった」といった敵対的な反応をしばしば引き起こしたのである。

しかしながら、このような議会多数派の敵対的な態度にもかかわらず、ロベスピエールはけっして妥協しなかった。「ルソーの霊への献辞」のなかで「同胞たちの幸福を求めたのだという自らの意識が、有徳の士にあたえられる報酬なのである」と書いたロベスピエールにしてみれば、これは当然であった。徳高き政治をおこなっているという「自らの意識」こそが、議会多数派の誹謗中傷のなかにあって、ロベスピエールの一貫した政治的言動を支えていたのである。ロベスピエール自身、一七九〇年四月一日付の友人弁護士宛の手紙において、「人民と自由のあらゆる敵が自由に反対してたえずおこなうさまざまな企てのなかにあって、できるかぎり献身的に人民と自由を守ったのだという慰めは、すくなくとも私の心に残るだろうと思います」と書き、一七九一年十二月の議会でも、人民の代表の偉大さは「ときにはただ一人で、自らの良心に忠実に、偏見と徒党の奔流に対して戦うことにある」と述べている。

それだけではなかった。「ルソーの霊への献辞」においてルソーの『告白』を「自分の思想と行動に関する弁明」の手本としたロベスピエールはまた、「自分の思想と行動」をたびたび弁明し、自らの徳を証明しようとした。そしてこのようなロベスピエールの言論のあり方は、「いつも、自分のこと、自己の徳、自己の原理、自由に対して自分がなした犠牲的行為、自分が取り囲まれている危険について語ってばかりいる」といった非難をまねくことにもなるのである。

「世論」の支持

ロベスピエールは、憲法制定議会では最後まで孤立した存在であった。だから、ロベスピエールが権力の座に就くためには、彼の演説が議会外の人びとに知られ、「世論」の支持が獲得されねばならなかった。ロベスピエール自身も、憲法制定議会における自分の演説について、のちにこう述べている。

> 私は、恥ずべき拍手喝采を獲得するよりも、名誉となる不満の声をひきおこすことをしばしば好んだ。私は、真理の声が排除されることを確信していたときでさえ、真理の声を鳴り響かせることを一つの成功とみなした。私は、議員集団に言葉をかけたとき、立法の聖域という狭い囲いの向こうにつねに自分の視線を向けたのだが、その目的は、とくに国民と人類に向かって発言することだった。

こうしてロベスピエールは、自分の演説が議会外の人びとに伝わるように、いくつかの手だてを考えた。自分の演説を印刷して刊行したのもその一つだった。また、議場にいるジャーナリストが書きとめることができるリズムで演説した。「雄弁なロベスピエールは、しばしば唇をぬらすために間をおくので、

▼**デュクノワ**（一七五九～一八〇八）弁護士出身の政治家。全国三部会に第三身分の代表として選出され、当初は民衆寄りの立場に立っていたが、一七八九年十月のヴェルサイユ行進をきっかけに保守化した。国民公会では恐怖政治期の末期に反革命容疑者として逮捕されたが、テルミドール九日のクーデタが起こりギロチンを免れた。

書きとめる時間がある」とあるジャーナリストも書いているように。

　議会外の人びとに訴えようとするロベスピエールの演説の意図は、どうやら一部の同僚議員も察知していたようだ。中道右派の議員デュクノワ▲は、一七八九年十月二十一日の戒厳令論議におけるロベスピエールの演説について、こう不満をもらしている。

　　彼は、戒厳令に強硬に反対した。だが、ロベスピエール氏の演説について私が思ったことをいわなければならないとすれば、彼の演説は、フォブール・サンタントワーヌ〔パリの有名な民衆地区〕の住民に気にいられ、彼らの庇護（ひご）のもとに入るために、彼らに向けてなされているのであって、けっして議会に向けてなされているのではない、ということである。

　こうして憲法制定議会期のロベスピエールは、議会外の人びとへの訴えを意図したその急進主義のゆえに議会多数派によって遠ざけられることになったが、印刷されたり報告されたりした彼の言説をとおして、議会外の人びとから支持を獲得することになる。当然ながら、この時期におけるロベスピエールへの支持は、どちらかというと、地方から、そして教養のある人びとからやってきた。

地方の自治体やジャコバン・クラブ、あるいは個人から、ロベスピエールのもとへ熱狂的支持を表明するメッセージがしだいに増えるのである。若きサン＝ジュストも、その一人だった。一七九〇年八月十九日付のロベスピエール宛の手紙には、こう記されている。

> 専制支配と陰謀の奔流に対してぐらついている祖国を支えているあなた、神のように、奇跡によってしか私が知らないあなた……私は、あなたを存じあげません。けれども、あなたは偉大なる人物です。あなたは、たんにある地方の代表なのではなく、人類と共和国の代表なのです。

この手紙に明らかなように、ロベスピエールに対する議会外の人びとからの支持は、ロベスピエールとの人間的交流に由来するものではなく、ジャーナリズムによって伝達されたロベスピエールの言説に由来するものであった。そしてこうして獲得された「世論」の支持が、彼の権力の基礎をかたちづくることになるのである。

こうしてロベスピエールは、一七九一年春までに、革命初期のオピニオン・リーダーであったミラボーに比肩しうる政治家と目されるようになっていた。

四月二日のミラボーの死に言及した左翼の新聞『パリの革命』▲は、こう書いている。「フランス人民は、ロベスピエール氏のような代表者がいるかぎり、公共の問題については絶望しないように」と。また、この時期あたりから、ロベスピエールの肖像画がパリでは容易に手に入るようになり、そこには「清廉の士」という呼び名が記されるようになる。

ジャコバン・クラブの支配

さて、ロベスピエールの「世論」における支持が高まれば、たとえ議会内では孤立したままであり、演説内容も基本的に同じだとしても、ロベスピエールの演説は別の力学の下におかれ、無視しがたい力を持つことになるのではなかろうか。まして、傍聴席にロベスピエールを支持する民衆がつめかけるのであれば。

この力学が機能する兆候は、憲法制定議会の末期にはあらわれることになる。一七九一年五月十五日の議会の様子を伝える新聞『ジュルナル・デュ・ソワール』は、「ロベスピエール氏は、バルナーヴ氏に反論するために発言した。議

▼**『パリの革命』**　一七八九年七月から九四年二月まで編集者プリュドムによって刊行された新聞。各号約五〇頁で、版画とともにパリの事件を詳細に語って多数の読者を獲得した。一七九一年五月にすでに王政を批判しており、ロベスピエール、ダントン、シエイエス、ペチヨン、コンドルセ、ブリソなどに関する伝記的指摘も多い。

長は、バルナーヴ氏の反対者に注がれる傍聴席全体からの拍手喝采をやめさせなければならなかった」と記しているからである。だがこの力学が全面的に機能するのは、国民公会においてであった。そしてその前提には、立法議会期におけるロベスピエールのジャコバン・クラブの支配という事態があった。

ロベスピエールは、ジャコバン・クラブでは、一七九〇年末までに国民的英雄の一人となっていた。そして一七九一年六月のヴァレンヌ逃亡事件とそれに続く共和主義運動の高揚のなかで、この段階で革命を終結させようとする三頭派▲主導の穏健な議員集団が大量に（八〇パーセント以上）ジャコバン・クラブを離脱したことが、ロベスピエールのクラブ支配の端緒となった。さらに、一七九一年十月からジャコバン・クラブでの集会が公開になると、そこに参加するパリの民衆の圧倒的支持を背景に、ロベスピエールはクラブ内における地歩を固めてゆく。

ロベスピエールは、その反戦論のゆえにいっとき革命陣営内で孤立したものの、開戦から間もない一七九二年五月ごろには、ジャコバン・クラブを実質的に支配するにいたる。長期の病気療養後にジャコバン・クラブに顔を出したク

▼三頭派　バルナーヴ、デュポール、ラメトによって構成される議員グループを指す。いずれもジャコバン・クラブの前身であるブルトン・クラブの創設に加わり、二院制の議会や国王の絶対的拒否権を否定した。しかしヴァレンヌ事件以後は、立憲君主制の維持をはかり、ラ・ファイエットに接近した。

▼**ロワゾ**（一七七六〜一八二二）　法律家・法学者。革命前はパリ高等法院の弁護士。国民公会議員を経て破毀院の弁護士となった。帝政・王政復古時代には、法解釈に関する数冊の著作を刊行した。本文での引用は、『ジャコバン協会の会員ロベスピエール氏に対する、同協会所属のロワゾ氏による親愛の情に満ちた助言』（一七九二年）からのもの。

ラブのメンバーであるロワゾ▲も、クラブのあり方をみて、ロベスピエールにこう忠告している。

君があまりにも大きな影響力を持っているために、誰もそれに制限を設けようとしないことは確かだ。君は、すべてをいい、すべてをおこない、何も恐れずにすべてを断行できるまでになっている。なぜなら君は、君に好意をよせる群衆を従えているのだから。……君はあらゆることについて語る。……君は三ヶ月のあいだ協会〔ジャコバン・クラブ〕で何も語らない義務を自分に課すべきだろう。

こうして、ジャコバン・クラブでの集会にパリの民衆が自由に参加するという条件の下で、ロベスピエールによるジャコバン・クラブの支配が実現し、一七九二年六月には、ブリソとその仲間は実質的にクラブを離脱するにいたるのである（正式の除名は九二年十月）。

国民公会の支配に向けて

ロベスピエールが国民公会の議員に返り咲いたときに生じたことは、ロベスピエールによるジャコバン・クラブの支配のメカニズムが、時間的なズレを伴いながら、国民公会においても再生産されたことであった。一七九二年十月二十九日、ルヴェは、ロベスピエールの演説がもたらす効果について、こう述べる。

〔ロベスピエールは〕人民の力と偉大さと善良さ、そして人民の主権を何度も保証したあとで、自分もまた人民だ、とかならず主張していた。……咎(とが)むべき卑劣な術策だ。この術策によって、偶像のような権力者と崇拝者といわゆる主権者とがいっしょに混ぜ合わされ、それらはいわば、攻撃しえないものになってしまうのだ。こうして、崇拝されているこの指導者に抗議するだけの勇気をまだ持っていた者は誰でも……ただちに人民を侮辱したとして追求されたのだった。

ここには、「人民」の名の下に、国民主権(人民主権)と権利の平等という原理を主張し、「人民」の大義を擁護しつづけたロベスピエールが、「世論」の支持を背景に権力を掌握するにいたったメカニズムが示されているといえよう。しかもロベスピエールは、ルヴェも指摘しているとおり、「人民」の「力と偉大さと善良さ」と「人民の主権」を語ったあとで、「私は人民である」とか「私自身が人民なのだ」とたびたび口にしたのである。ルヴェは、ロベスピエールのこのような演説に対して、「世論による専制支配」という非難まであびせた。けれどもロベスピエールからすれば、それは「諸原理の当然の支配」「普遍的な理性の支配」でしかなかった。

「人権宣言」によって政治闘争のあり方が制約されたフランス革命においては、そのような言論がロベスピエールに「世論」の圧倒的支持をもたらし、最終的に彼を権力の座につかせることになったのだといえよう。そのことは、一七九二年末の国王裁判の過程で議会内での力関係が逆転し、現実のものとなる。ちょうどその頃、ロベスピエールが「ジャコバン・クラブや人民協会の意見はフランス国民の意見なのだ」とし、「私はただ、それを分かち持ったにすぎなかったのだ」と主張したように、彼の言論も、議会外の人びとの声を代弁し、議会内の議員に訴えるというかたちに変化しているのである。

要するに、ロベスピエールは、国王裁判の過程で議会内での孤立を脱し、国民公会でも「世論による専制支配」を実現しつつあった。一七九二年十二月十三日の国民公会の様子を描写した官報『モニトゥール』の記事を読めば、その印象を禁じえない。そこには、こう記されている。

［ロベスピエール］……私は、国王を助けようとしている党派が存在することを知っている。そして告発されている圧政者にきわめて寛大な態度をしめす人びとが、抑圧されている人民に対して同様の思いやりをしめさないことに、私はいつも驚くのである（傍聴席が拍手喝采する。何人かの議員が憤慨したようにみえる。だが議会は静かなままである）。私は、諸君が最も迅速に裁く役目を全国民からあたえられているこの犯罪者に対して……を要求する。（傍聴席から何人かの賛同の叫び）。

［ある議員］私は、ある人〔ロベスピエール〕が被告〔ルイ十六世〕の運命について予断を下すたびに、このカーニヴァルのような怒号をわれわれが聞くことがないような手段がとられることを、祖国の名において、人類の名において、公共道徳の名において要求する。

［議長］私は、傍聴席の市民諸君に、賛同や非難は規則によって禁じられており、とくに、人民の代表たちはまったく下品なこのような怒号に我

慢することができないことについて念をおしておきたい。

以上のように、国王裁判の過程で生じたのは、傍聴席に陣どる民衆の「拍手喝采」と「カーニヴァルのような怒号」によってロベスピエールの発言に対する表立った反論が封じられ、彼の主張が議会多数派の支持を取りつけ、法令として可決されるという事態だった。ルヴェの表現を借りれば、ロベスピエールは、国民公会においても「世論による専制支配」を実現しつつあったのである。

⑤—権力の座についたロベスピエール

「革命政府」の樹立

一七九三年八月十一日の国民公会では、九三年憲法の施行を前提に立法府の選挙が提案され、可決された。ロベスピエールは、その晩ジャコバン・クラブで、共和国の危機的な情況に注意を喚起し、九三年憲法の実施にこう反対する。「〔議会で〕諸君に対してなされた油断のならない提案は、現行の国民公会の純化された議員をピットやコブール▲の使者に代えるだけのことになろう」と。その後もロベスピエールは、九三年憲法に基づいて国民公会や内閣を変えることの危険性を何度も指摘している。

ロベスピエールが危惧するように、フランスは一七九三年憲法を実施できるような情況にはなかった。実際、国民公会は、九三年春以後の内外の危機に対処するための施策を次々と採用していた。九三年春には「監視委員会」(「革命委員会」)と「革命裁判所」の設置を可決し、全権を持つ議員を県や軍隊に派遣した。四月には強力な行政権限を持つ「公安委員会▲」を創設し、七月二十七日

▼コブール(一七三七〜一八一五) 一七九二年四月の開戦後、オーストリア軍の司令官としてネールヴィンデンなどの戦いで勝利したが、九四年六月にフルリュスでジュルダン率いるフランス軍に決定的敗北を喫した。その間フランス北部を占領してフランスに直接脅威をあたえたこともあって、コブールの名前は、ピットの名前とともに、革命に対するヨーロッパの同盟の象徴となった。

▼公安委員会 一七九三年春に内外の危機が高まるなか、四月六日に国民公会内に設置された委員会。七月二十七日にはロベスピエールが、九月六日には、サン＝キュロットに近いコロ＝デルボワとビヨ＝ヴァレンヌが加入して、一二人からなる陣容が固まった。外交・軍事・内政全般に強大な権限を持ち、保安委員会とともに事実上の政府を形成した。

▼**保安委員会**　一七九二年十月に国民公会内に設置された委員会。国内の治安警察をおもな任務としており、革命政府期には公安委員会に次ぐ権限を持ち、公安委員会とともに事実上の政府を形成した。しかし九四年春以後、しだいに公安委員会によって権限を奪われ、テルミドール九日のクーデタでは反ロベスピエール派に荷担した。

にはこの委員会にロベスピエールが加入する。九三年夏には、軍事的・社会的情況がいっそう緊迫するなか、八月には「国民総動員法」が可決された。さらに、九三年九月四〜五日にパリで食糧蜂起が起きたことを背景に、国民公会は、九月九日に食糧徴発を主要な任務とする「革命軍」を創設し、九月十七日には「反革命容疑者法」を、九月二十九日には生活必需品の価格と賃金の上限を定めた「総最高価格法」を可決した。

こうして一七九三年十月十日には、サン＝ジュストの提案に基づいて、国民公会は「フランスの臨時政府は平和の到来まで革命的である」と宣言し、憲法に基づかない「革命政府」の樹立を公式に承認した。十二月四日（フリメール十四日）には、国民公会を政府の中心とし、国民公会内の公安委員会と保安委員会▲に強力な行政権限を付与した法令が成立した。これによって、国家の物的・人的資源を総動員する体制が構築され、内外の戦況も九三年秋から好転することになる。

「徳」と「恐怖」

一七九三年春以後の内外の危機に対処するかたちで成立したのが、「革命政府」であった。国民公会における二度の大演説によってこの革命政府を正当化したのが、ロベスピエールである。

まず、九三年十二月二十五日、ロベスピエールは公安委員会を代表して報告をおこない、「革命政府の理論は、それをもたらした革命と同じように新しい。この革命を予測しなかった政治的著作家の書物のなかにも、暴君の法のなかにも、その理論を探し求めるべきではない」としたうえで、「憲法に基づく政府の目的は共和国を維持すること」にあるのに対して、「革命政府の目的は、共和国を創設すること」にあると主張して、政府の類型学を提示する。そして「革命政府」の創設を内外の戦争という例外的な「情況」によって正当化するとともに、その政策の原則について、こう述べる。

彼ら〔自由の敵〕に善良な市民の熱情を惑わす手段をゆだねるのは危険である。さらに、彼らがだました善良な市民を落胆させ、迫害するのは、よりいっそう危険である。……では、何をすべきなのか。危険なシステム

▼パトリオット　全国三部会の前後には、第三身分代表の倍増、三身分合同の討議と個人別票決を求める新思想の支持者が要求した名称だった。その後は、革命の支持者を示す用語となっていった。

の咎(とが)むべき考案者を追究し、誤りに陥っていてさえもパトリオティスムを保護すること、パトリオットを啓蒙(けいもう)し、たえず人民をその権利と運命の高みに引き上げること。諸君がこの方針を採用しなければ、諸君はすべてを失うのだ。

さらにロベスピエールは、一七九四年二月五日にも公安委員会を代表して報告し、共和国が追求すべき目的を「自由と平等の平穏な享受」とし、その目的を実現するために革命政府が従うべき国内政策の原則について、こう主張する。

　国外ではすべての暴君が諸君をとり囲み、国内ではあらゆる暴政の友が陰謀を画策している。……ところで、このような情況のもとでは、諸君の政治の第一の行動原理は、人民が理性によって導かれ、人民の敵が恐怖によって導かれるということでなければならない。平時における人民的政府の原動力は徳であるが、革命時における人民的政府の原動力は、徳とともに恐怖である。徳なくして恐怖は災禍であり、恐怖なくして徳は無力である。

以上の二つのロベスピエール報告をみれば、革命政府の政策のめざすところは明らかであろう。「人民」を惑わす「陰謀家」と「無知」のために「誤り」に陥っている「人民」とを区別し、前者を「恐怖」によって抑圧し、後者を「理性」によって導き「徳」を発展させなくてはならない、というのである。いわば、「人民」に働きかけようとする「陰謀家」の邪悪な意志をギロチンによって断ち切り、同時に、「無知」な「人民」を教育するという相補完する両面作戦、それが、「徳なくして恐怖は災禍であり、恐怖なくして徳は無力である」という表現の意味であり、また、革命政府の国内政策が依拠する基本構図でもあった。つまり、「陰謀家」を粛清するための「恐怖政治」と「人民」の「教育」とは、革命政府の政治の二つの中心的な柱であったのであり、それらは相補完しあっていたのである。

非キリスト教化運動

一七九三年十月五日に国民公会が「共和暦▲」の導入を決定すると、九三年秋から既存宗教を根絶しようとする「非キリスト教化運動」が激発した。パリでは、十一月七日に宣誓派の司教ゴベル▲が国民公会にやってきて、聖職放棄を宣

▼共和暦　革命暦ともいう。一七九三年十月五日に、国民公会が、キリスト教に基づくグレゴリウス暦(西暦)に代えて、「再生されたフランス」の時間を新たに刻むために採用した暦。一七九二年九月二十二日の共和政の樹立を起点とし、十進法に基づいて、一週間を十日、一カ月を三〇日と定めた。一二カ月と五日間の補足日(サン＝キュロットの日)で一年が構成され、月の名称には自然や農業を想起させる名称が採用された。例えば、フロレアルは花が咲く月という意味である。一八〇六年に正式に廃止された。八五頁の表も参照。

▼ゴベル(一七二七〜九四)　聖職者身分の代表として全国三部会に選出され、聖職者市民化法に宣誓した最初の司教であり、ジャコバン・クラブの活動的なメンバーでもあった。非キリスト教化運動ののち「陰謀」の容疑で告発され、一七九四年春にエベール派とともに処刑された。

言した。そして十一月十日には、オペラ座の女優が「自由と理性の女神」に扮し、「理性の祭典」がノートルダム大聖堂で挙行された。ロベスピエールはこの運動に関して十一月中旬から十二月にかけて何度も言及しているが、十一月二十一日のジャコバン・クラブでは、こう非難した。

「迷信を根絶するという口実のもとに、無神論という一種の宗教を創ろうとしている」者がいるが、「人民の代表として」語るなら、「無神論はアリストクラティック▲である。圧政に苦しむ無垢な人びとを見守り、勝ち誇る犯罪を罰する偉大なる存在という観念は、まったく民衆的である。……もし神が存在しないなら、それを創りだす必要があろう。……諸君は、共和国の敵と外国の暴君の卑怯な密使がわれわれに仕掛ける罠がわからないのか。……私は繰り返す。われわれは、狂信をめざめさせ、卑怯で残忍な敵の性格である不道徳という見せかけをわが共和国にあたえるために、外国の宮廷によって買収された不道徳な人間の狂信以外に恐れるべき狂信をもはや持たない。私は外国の宮廷について語った。そうなのだ。それが、われわれの不幸と国内の不和の張本人なのである。

▼アリストクラティック　アリストクラート(九五頁)の形容詞形。アリストクラートは、革命初期には第三身分に対して貴族一般を意味したが、しだいに抑圧的と考えられた人びとや金持ち、さらには革命のあらゆる敵対者を示す言葉となった。とくに共和暦二年(一七九三〜九四年)には、サン・キュロットに敵対するあらゆる社会層を意味する言葉としても用いられるようになった。アリストクラシー(八八頁)もアリストクラートと同様の意味変化をたどった。

●—共和暦とグレゴリウス暦の対照表

月名＼年		共和暦1年	共和暦2年
ヴァンデミエール(葡萄月)	1日	1792年 9月22日	1793年 9月22日
	10日	10月 1日	10月 1日
	20日	10月11日	10月11日
ブリュメール(霧月)	1日	10月22日	10月22日
	10日	10月31日	10月31日
	20日	11月10日	11月10日
フリメール(霜月)	1日	11月21日	11月21日
	10日	11月30日	11月30日
	20日	12月10日	12月10日
ニヴォーズ(雪月)	1日	12月21日	12月21日
	10日	12月30日	12月30日
	20日	1793年 1月 9日	1794年 1月 9日
プリュヴィオーズ(雨月)	1日	1793年 1月20日	1794年 1月20日
	10日	1月29日	1月29日
	20日	2月 8日	2月 8日
ヴァントーズ(風月)	1日	2月19日	2月19日
	10日	2月28日	2月28日
	20日	3月10日	3月10日
ジェルミナル(芽月)	1日	3月21日	3月21日
	10日	3月30日	3月30日
	20日	4月 9日	4月 9日
フロレアル(花月)	1日	4月20日	4月20日
	10日	4月29日	4月29日
	20日	5月 9日	5月 9日
プレリアル(草月)	1日	5月20日	5月20日
	10日	5月29日	5月29日
	20日	6月 8日	6月 8日
メシドール(収穫月)	1日	6月19日	6月19日
	10日	6月28日	6月28日
	20日	7月 8日	7月 8日
テルミドール(熱月)	1日	7月19日	7月19日
	10日	7月28日	7月28日
	20日	8月 7日	8月 7日
フリュクチドール(実月)	1日	8月18日	8月18日
	10日	8月27日	8月27日
	20日	9月 6日	9月 6日
サン＝キュロットの日		9月17日〜21日	9月17日〜21日

ロベスピエールによれば、敵の「陰謀」は、非キリスト教化運動を機に大きく変化した。それまでは、「陰謀家」は、飢饉によって「人民」を蜂起させようとするにとどまっていた。しかし、非キリスト教化運動以後、「陰謀家」は「人民」の信仰を攻撃する。「迷信を根絶するという口実のもとに」カトリックを攻撃する「無神論」は、国内世論を分裂させ、「不道徳という見せかけ」を共和国にあたえるために、「共和国の敵と外国の暴君の卑怯な密使がわれわれに仕掛ける罠」なのである。そして、「彼らが戦術を変えたのだから、われわれも防衛手段を変える必要がある」と主張されることになる。

ロベスピエールは、実際、それまでの政策を転換する。一七九三年六月十八日には、「陰謀家」が「礼拝の自由を認める憲法条項」を隠れ蓑にして「反革命的結社を組織する」危険があるという理由で、この条項に反対していたが、十二月六日には、ロベスピエール自身が礼拝の自由に関する法案を提出する。さらに、「陰謀家」は非キリスト教化運動以降、共和国から「神」を追放することによって道徳を堕落させようとしていると断じたロベスピエールは、「神」の存在を宣言して道徳の基礎を固めようとする。こうして、「最高存在」の祭

▼**最高存在の祭典**　ロベスピエールが非キリスト教化運動を批判して具体化した革命期最大の祭典。カトリシズムの神と「無神論」の批判のうえに「最高存在」が承認され、一七九四年六月八日、それを祝す祭典が、パリをはじめとする全国主要都市で開催された。

典▲が日程に上ることになる。

「二つの徒党」

一七九三年秋からの内外の危機の緩和を背景として、国民公会内では、恐怖政治を強化しようとする左派のエベール派とそれを緩和しようとする右派のダントン派との抗争が激化していた。ロベスピエールは、九四年一月八日、このような両派を「二種の徒党」と形容し、こう述べる。「徒党のあらゆる努力は、このただ一つの目的〈国民公会の分裂〉に向けられている。しかし、二種の徒党は外国の方針によって指導されている」と。

一七九四年二月五日には、「二つの徒党」に関して、さらにこう述べる。

　フランス人民の内部の敵は、二つの軍団のように二つの徒党に分かれた。彼らは異なる色の旗のもとで、異なる道を通って行進する。しかし彼らは同じ目的に向かって行進しているのだ。この目的とは、人民的政府の解体と国民公会の破壊、つまり専制君主制の勝利である。これら二つの徒党の一方は、われわれを柔弱に押しやり、他方は過激に走らせる。……傲慢な

▼**エベール派・ダントン派**　エベール派はエベールの支持者を指す。ダントン派はダントンの支持者で、恐怖政治の強化に反対してその緩和を要求したので、寛容派とも呼ばれる。エベール派とダントン派はいずれも、一七九四年春、「外国の陰謀」との関わりを理由に、逮捕・処刑された。

パロディによって革命の崇高なドラマを歪曲（わいきょく）するためには、そして偽善的な穏和や入念に考えられた過激行為によって自由の大義を危険にさらすためには、祖国愛の仮面をつけているほうがはるかに便利である。こうしてアリストクラシーは、自分のために人民協会を組織する。反革命的傲慢は、ぼろ着の下にその陰謀と刃（やいば）を隠す。

この演説後、ロベスピエールは体調を崩し、一カ月以上も公の場から姿を消す。だが九四年三月十三日、ロベスピエールはジャコバン・クラブに久しぶりに姿をみせ、自分の肉体的弱さを嘆きながらも、「犯罪的な徒党」との戦いを呼びかける。こうして公安委員会と保安委員会を中心とする革命政府は、三月中旬から四月初旬にかけて、まずエベール派▲を逮捕・処刑し、ついでダントン派▲をも逮捕・処刑した。前者は過激行為、後者は穏和主義というように別々の旗を掲げ、たがいに戦っているようにみえるが、実は、両者とも「外国の敵」によって指導されており、「人民的政府の解体と国民公会の破壊」という同じ目的のために「祖国愛の仮面」を被って暗躍する「陰謀家」にすぎないのだ。こうロベスピエールによって断じられたエベール派とダントン派は、ともに

「陰謀家」として「恐怖」によって抑圧されるのである。

それだけではない。「祖国愛の仮面」をつけ「ぼろ着」をまとった「陰謀家」というロベスピエールのレトリックは、民衆そのものを粛清し、民衆的諸制度を解体してしまう論理を秘めている。こうして「陰謀家」が「恐怖」によって導かれるべきものだとすれば、民衆自身も粛清されることをまぬがれまい。また、民衆的諸制度も廃止されることになろう。例えば人民協会は、すでに一七九三年三月に「陰謀家」が紛れ込んでいるとされていたが、九三年十一月には、「外国の敵」によって買収された「陰謀家」によって創設され指導されていると断罪され、九四年の四月から五月にかけてすべて閉鎖ないしは活動停止に追い込まれることになるのである。

最高存在の祭典

エベール派とダントン派の粛清後、ロベスピエールの視線は未来に向けられる。一七九四年五月七日(共和暦二年フロレアル十八日)の報告で、ロベスピエールは、「人間の幸福にとって重要な深遠な真理」を表明し、この真理に由来する政策を提示することによって共和国の基礎を固めようとする。

まずロベスピエールは、世界を物質的世界と精神的・道徳的世界に二分したうえで、後者の革命を要請する。「物質的次元ではすべてが変わった。道徳的・政治的次元ですべてが変わらねばならない」と。ロベスピエールによれば、フランスでも道徳的次元での革命が必要であり、この課題を担うのが「人間の情念を正義の方向に導く」べき「制度」であった。

しかし道徳的次元での革命が要請されるのは、その進歩が不十分であるという以上に、「市民社会の唯一の基礎は道徳である」と考えられたためであった。「不道徳が専制支配の基礎である」のに対して「徳は共和国の本質である」とされているように、道徳的次元が政治体制を基礎づけ、政治闘争の帰趨（きすう）を決すると考えられた。フランス革命も、根本的には、道徳の次元での闘争、美徳と悪徳との闘争として把握されたのである。

そのようなロベスピエールの観点からすれば、「無神論」は許容されえなかった。もちろん、哲学上の一意見としての「無神論」が問題なのではなく、「共和国に対する陰謀のシステムに結びついた無神論」が問題であった。「人民」の道徳は「最高存在と霊魂の不滅という観念」に結びついており、この観念を消滅させようとするのは、「人民」の道徳を腐敗させ、人びとを分裂させようとする「陰謀家」の仕業であった。それゆえ立法者がとるべき政策は、「陰謀家」とは逆に、「最高存在と霊魂の不滅という観念」を承認し、人びとを団結させる政策ということになる。「立法者から見れば、社会的に有効で現実的に良いものはすべて真理である。最高存在と霊魂の不滅という観念は正義をたえず想起させるものであり、それゆえ、それは社会的であり共和主義的である。」

だがもちろん、「無神論」を非難し、「最高存在と霊魂の不滅という観念」を承認したからといって、カトリックに手心を加えようとするわけではない。非難の矛先はただちに司祭に向けられる。「狂信者〔司祭〕よ、われわれから何かを期待してはいけない。人びとを最高存在の純粋な礼拝に立ち帰らせることは、狂信〔カトリック〕に致命的な打撃をあたえることになるのだ。」

このように「無神論」と「狂信」を批判したロベスピエールは、「陰謀家」が分裂させようとした人びとを団結させ、共和国の道徳的基礎を固めようとす

▼**クトン**（一七五五〜九四）　弁護士出身の政治家。公安委員会のメンバーでロベスピエール派。一七八八年以来、足の病気で両足が麻痺しながらも、つねに貧しい人びとを擁護した。最初は政治的に穏健だったが、九二年十一月のルヴェのロベスピエール攻撃以後、ジロンド派の敵対者となった。リヨンの反乱の鎮圧後に派遣議員としてリヨンの秩序回復に努めて以後、ロベスピエールの考えを全面的に支持するようになった。

る。この課題を担うのが、「公教育の本質的な部分とみなさなければならない制度の一種」としての「国民祭典」であった。最高存在の祭典は「公教育の本質的な部分」であった。

ロベスピエール演説から一カ月後の一七九四年六月八日、最高存在の祭典が全国主要都市で開催された。画家ダヴィドによって演出されたパリの祭典は、チュイルリ公園からシャン＝ドゥ＝マルス広場までの行進からなり、多様なシンボルで満たされていた。四日前に国民公会の議長に選出されていたロベスピエールは、議員の先頭に立ってこの儀式を取り仕切った。カトリックにとっては聖霊降臨祭の日でもあった。

「大恐怖政治」

最高存在の祭典から二日後の一七九四年六月十日（共和暦二年プレリアル二十二日）、革命裁判所の改革に関する法案が、公安委員会を代表してクトン▲によって提案された。この法案は、反革命容疑者の範囲を拡大するとともに、弁護人や証人を廃止し、判決は死刑か無罪のみとして裁判手続きを簡素化・迅速化したものであった。ロベスピエールは、この法案がクトンによって提出された際に、それを支持してこう述べる。「共和国全体は、諸君に新たな陰謀を、そして共和国にあふれる数知れぬほど多くの外国の代理人を告発している。いま聞いたばかりの法令を公安委員会が諸君に提示するのは、このような情況においてなのである。……われわれは、公共の利害によって定められる政策が極端に厳格であると非難されようと、ものともすまい。この厳格さは、陰謀家にとってのみ、自由と人類の敵にとってのみ恐ろしいものなのである(拍手)。」

プレリアル二十二日の法案は、とくに議員特権の保障をめぐって議論を引き起こしたが、結局のところ法案は可決され、「大恐怖政治」が開始される。すでに一七九四年の四月十六日に、地方の革命裁判所が廃止され、反革命容疑者はすべてパリの革命裁判所で裁判を受けることが決定されていた。こうして、九四年の六〜七月には多数の囚人がパリの監獄を満たし、この二カ月だけで、パリでの処刑者総数の半分以上に相当する一五〇〇人以上が処刑されることになるのである。

最高存在の祭典と「大恐怖政治」は、ロベスピエールやクトンにとっては、けっして矛盾する政策ではなかった。それらは、革命政府の政策が依拠すべき二つの原則である徳と恐怖の表現であった。と同時に、「大恐怖政治」は、一七九四年五月末にアドミラとセシル・ルノによるコロ＝デルボワとロベスピエールの殺害未遂事件が起こり、議員たちの「外国の陰謀」に対する恐怖が再燃した結果でもあった。アドミラによる事件が公になった五月二十三日、国民公会では、議員シャルリエが「外国の徒党と国内の陰謀家はわれわれに打ち勝つことができないので、国民代表を殺害しようとする」と発言し、さらにバレールも、公安委員会を代表して「毒を盛り暗殺することが、同盟した暴君の返答なのだ」と述べた。これを皮切りに、議員たちは連日、同盟した暴君による「暗殺」を非難したのである。五月二十五日(プレリアル六日)付で、公安委員会から北部軍派遣議員サン＝ジュストに宛てられたロベスピエール執筆の訓令にも、こう書かれていた。

> 自由は新たな危険にさらされている。またも活気づいた徒党は、これまで以上に憂慮すべき性格を帯びている。これまで以上に口実がないにもかかわらず、これまで以上に多くの、騒々しい、バターを求める人だかり、昨

▼アドミラ(一七四四〜九四)　事務所の使用人。職を失ったという自分の不幸の責任を国民公会の政策、とくにロベスピエールに求め、五月二十二日に二丁の拳銃を携えロベスピエールを殺害しようとした。しかしロベスピエールに出会えず、同じ建物に住むコロ＝デルボワを殺害しようとしたが失敗し、処刑された。

▼セシル・ルノ(一七七四〜九四)　製紙業者の娘。五月二十三日、デュプレ家にやってきてロベスピエールに面会を求めたが、あいにく不在で、応対にあたったデュプレの長女エレオノールらが保安委員会に連行した。王に対する同情を隠さず、二本のナイフも所持していたので、本人は殺害の意図を否定したが、暗殺の罪を問われて処刑された。

▼コロ＝デルボワ(一七四九〜九六)　劇作家・俳優出身の政治家。パリから国民公会に選出され、一七九三年九月にビヨ＝ヴァレンヌとともに公安委員会のメンバーとなった。リヨンの反乱の鎮圧で大量虐殺を断行してパリに召還され、テルミドール九日のクーデタでは大きな役割を果たした。

日勃発するはずだった監獄における蜂起、エベールの時期に自己の存在を示した陰謀、これらは、公安委員会のメンバーに対してくりかえし試みられた殺人と結びついている。つまり、徒党の残党、あるいはむしろ相変わらず活発な徒党が、いっそう大胆になっているのだ。自由にとって致命的なアリストクラートによる蜂起が恐れられている。……公安委員会は、その全メンバーの知恵とエネルギーを結集しなくてはならない。君が勝利への道におおいに貢献した北部軍が何日間か君がいなくても大丈夫かどうか、考えてみてほしい。

ここにみられる「陰謀」の表象と危機的認識がプレリアル二十二日の法案の提案につながることは、容易に想像されよう。と同時に、プレリアル二十二日の法は、「人民の敵」の追求と処罰を求めつづけたロベスピエールの言説の帰結であったという側面も否定できまい。

ロベスピエールの失墜

一七九四年六月二十六日のフルリュスでの戦勝によって共和国の危機が遠の

▼**シャルリエ**(一七五四〜九七) 弁護士出身の政治家。立法議会と国民公会の議員で、最初に国王の裁判を要求し、国王処刑に賛成投票した。また女性の政治クラブを擁護し、初等教育の義務教育化を唱えた。テルミドール九日のクーデタでは大きな役割を果たしたが、総裁政府を革命の終わりと考えて四二歳で自殺した。

▼**バレール**(一七五五〜一八四一) 弁護士出身の政治家。憲法制定議会・国民公会の議員で、国王裁判のときには国民公会の議長だった。公安委員会のなかでは、ロベスピエールとともに、軍隊や諸県に派遣議員として派遣されなかったメンバーで、外交・軍事・教育など、公安委員会の政策全般に関して国民公会で報告し正当化する役割を果たした。

き、もともと戦時体制として形成された革命政府の存在理由が消滅することになった。また、一七九四年春のエベール派とダントン派の粛清は山岳派内に亀裂をもたらしたが、とくに九四年四月中頃から地方派遣議員の一部が過激な言動などを理由にパリに召還されたことから、山岳派の分裂が深刻になった。しかも、革命政府内の分裂も進行した。

　まず、一七九四年四月に公安委員会内に「一般警務局」が設置され、保安委員会がこれを自己の警察権の侵害とみなしたため、両委員会間に亀裂が生じた。プレリアル二十二日の法が保安委員会になんら相談なく起草されたことも、この亀裂を深めた。この政治的緊張に加えて、最高存在の祭典を主宰したロベスピエールを、カトリックの擁護者や独裁者として非難する声も聞かれた。さらに九四年六月中旬、「神の母」を自称し、ロベスピエールを神の使者と考える狂信家カトリーヌ・テオをめぐって、ヴァディエを中心とする保安委員会メンバーとロベスピエールとの間に宗教的緊張が高まった。

　公安委員会内でも、戦争計画をめぐるサン＝ジュストとカルノ（九八頁用語解説参照）の対立、プレリアル二十二日の法をめぐるロベスピエールとビヨ＝

▼カトリーヌ・テオ（一七一六〜九四）
革命前から「聖母」や「新しいイヴ」などと自称し、バスチーユ監獄などに収監された。釈放されたあとも女預言者として振る舞い、ロベスピエールを神の使者と言明していたので、ヴァディエらのロベスピエール批判に利用されることになった。

▼ヴァディエ（一七三六〜一八二八）
一七八九年に全国三部会に選出されたとき五三歳で、憲法制定議会では目立った役割を果たさなかった。しかし国民公会議員に選出されると、山岳派としてジロンド派と敵対した。九三年九月に保安委員会に選出されるとすぐにその中心的メンバーとなり、エベール派とダントン派の粛清後は、一般警務局の設置、最高存在の祭典をめぐってロベスピエールと衝突した。

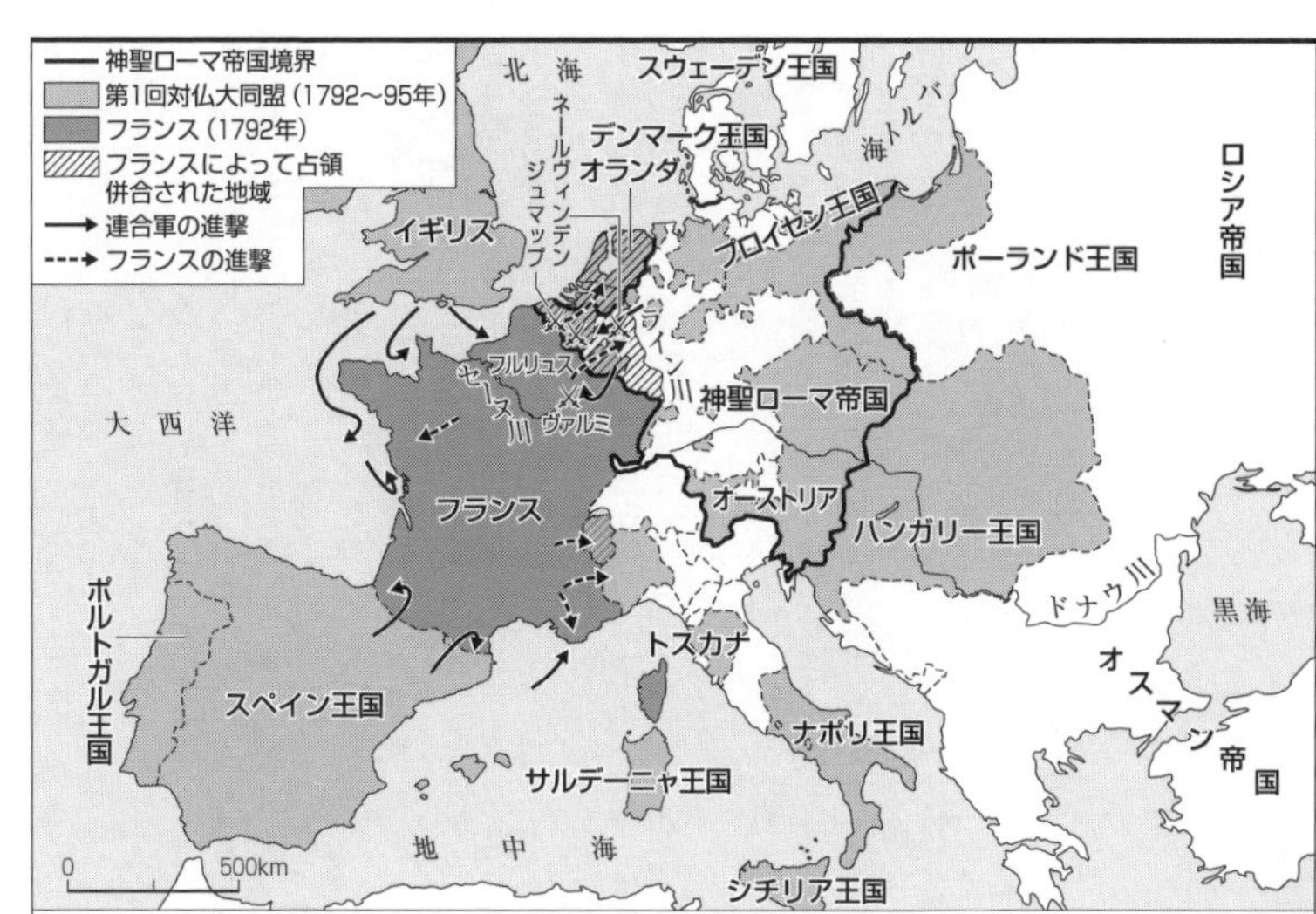

●第一回対仏大同盟

●**フルリュスでの戦勝**　一七九四年六月二十六日、コブール率いる約七万のオーストリア軍とジュルダン率いる約九万のフランス軍がベルギーのフルリュスで戦い、フランス軍が勝利し、これ以後攻勢に転じた。この戦闘のなかではじめて気球が使われ、オーストリア軍の動きに関する情報がもたらされたことでも有名。

ヴァレンヌとの対立などが生じていたが、九四年六月二十九日の公安委員会でこの対立が決定的となった。議員ルコワントゥル▲の証言によれば、委員会メンバーの大部分がロベスピエールの「独裁」を非難し、ロベスピエールは「信じられないほど激怒して」、サン＝ジュストとともに退席してしまったという。こうしてロベスピエールは、七月に入ると公安委員会にも国民公会にもまったく姿をみせなくなる。他方、ジャコバン・クラブではこの間一四回発言している。七月一日にも、ロベスピエールは、二日前の公安委員会を念頭において同僚の策謀を非難するとともに、「暴君と彼らの仲間の凶悪行為に対してわれわれに残されている方策は、真理と世論の法廷、そして有徳の士の支持しかない」と訴え、傍聴席からの声援に対しては、「犯罪に対して真理が私の唯一の安らぎの場だ。私は信奉者も賞賛も欲しない。私の支えは私の意識のなかにある」と応えている。このように、公安委員会は欠席しながら、ジャコバン・クラブでは活動を続けたことも、内部対立に油を注ぐことになった。

　一七九四年七月二十六日、ロベスピエールは久しぶりに国民公会に姿をみせ、生前最後の大演説をおこなう。「独裁」や「暴政」といった非難に対して自己

▼カルノ（一七五三〜一八二三）　軍人出身の政治家。立法議会と国民公会の議員。ロベスピエールと同じく「ロザティ」の会員で、特権や社会的差別を非難した。国民公会では山岳派として貧民救済、累進課税、国民教育などを支持したが、軍事面ではジロンド派に近かった。テルミドール九日のクーデタでも大きな役割を果たし、その後も総裁政府の総裁、統領政府の陸軍大臣などに就いて軍事政策面で活躍した。

▼ルコワントゥル（一七四二〜一八〇五）　裕福な商人出身の政治家。ヴェルサイユのジャコバン・クラブの創設者で、一七九一年五月に政治に専念するために商売をやめた。立法議会議員、さらに国民公会の議員で山岳派。テルミドール九日のクーデタとその後の数カ月は、ロベスピエール派の最も激しい告発者だったが、その後見解を変え、最後まで体制に批判的な共和主義者でありつづけた。

●—テルミドール九日の国民公会の情景を描いた絵画
中央がロベスピエール。

●—テルミドール十日未明の市庁舎でのロベスピエールの逮捕(十九世紀の匿名の絵画)

テルミドール九日の国民公会におけるロベスピエールを描いたスケッチ

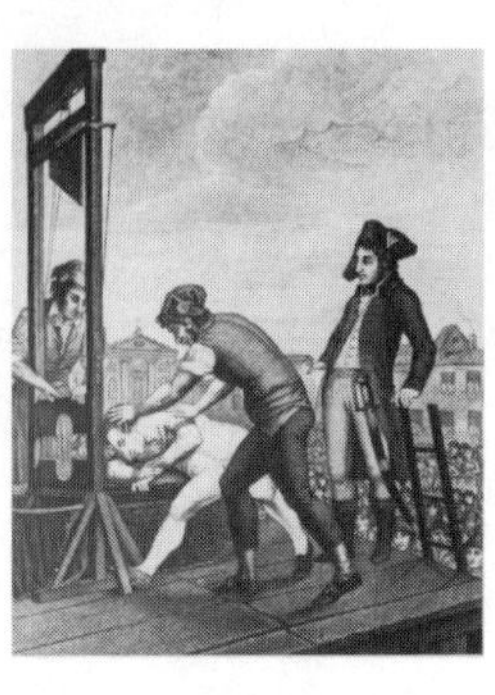
ロベスピエールの死を描いたイギリスの版画

を弁護し、「徳の共和国」という自分の夢を思い出させ、「敵」との戦いは終わっておらず革命政府は必要なままだという自分の確信を語ったあとで、ロベスピエールはこう述べる。「公共の自由に対する陰謀が存在する。この陰謀は国民公会の只中で策動している犯罪的な同盟のせいでその力を得ている。そしてこの同盟は、保安委員会やこの委員会の事務局の中にも共犯者を持っている。……公安委員会のメンバーもこの陰謀に加担しているのだ。」

「犯罪的な同盟」を告発するこの演説を聞いて、議員の粛清への恐怖はいっそう強まった。こうしてその日の夜、国民公会内に反ロベスピエールの広範な同盟が形成され、翌七月二十七日(テルミドール九日)、ロベスピエールは、サン゠ジュストやクトンらとともに告発・逮捕されるのである。しかもこのとき、パリの民衆も、国民公会内で孤立したロベスピエール派を支持することがなかった。こうして七月二十八日の夕方、ロベスピエールは、二一人の仲間とともにギロチンによってその生涯を終えるのである。

▼タリヤン（一七六七〜一八二〇）　一七九一年に新聞『市民の友』を出し、所有権の尊重、取引の自由、オーストリアへの宣戦を説いた。また市民の平等を要求し、八月十日事件にも参加した。国民公会では山岳派に席をおき、国王裁判では国王処刑に賛成投票し、ジロンド派の追放にも寄与した。派遣議員として活動していたボルドーから召還されて以後、ロベスピエールに敵対し、テルミドール九日のクーデタの立役者の一人となった。

ロベスピエールの暗黒伝説

テルミドール九日のクーデタに続く時期は、この事件を正当化しようとする試みがなされた時期だった。翌七月二十八日のバレール報告は、その典型だった。「ただ一人の男が祖国を分裂させることに失敗したのだ。ただ一人の男が内戦の火をつけ、自由の価値を貶める（おとしめる）ことに失敗したのだ」と述べ、テルミドール九日のクーデタを「暴君」ロベスピエールによる「独裁」を阻止した事件として提示したのである。また、「反革命的な会議が開かれていた市庁舎の机の上に、ユリの花だけが刻印された真新しい公印があった。そしてすでに夜のうちに、二人の男がタンプル塔にあらわれ、その住人を要求した」と述べ、ロベスピエールが王になろうとして「カペの娘」と結婚しようとしていたという噂（うわさ）に言及した。さらにその一カ月後、タリヤン▲が、テルミドール九日のクーデタは、「恐怖のシステム」の首謀者であったロベスピエールを権力から追放することによってフランスをこのシステムから解放したのだ、と事件を意味づけた。

もちろん、これらの公式見解が流布しただけではなく、「卑怯」「臆病」「冷

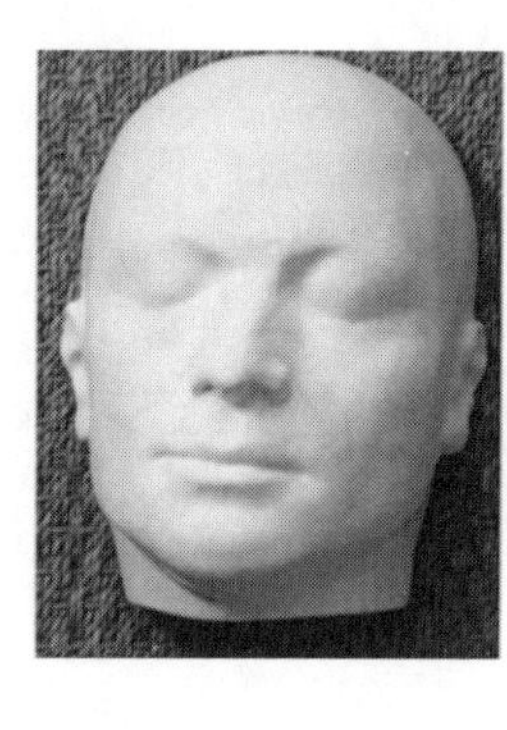

ロベスピエールのデスマスク

血かつ残酷」「嫉妬深い」「エゴイスト」「野心家」「反道徳的」など、ロベスピエールの人格に関する非難や、ロベスピエールの特異な生涯の心理学的解釈、あるいはロベスピエールを「怪物」として描くパンフレットなども、一般に流布した。しかしパンフレットや版画において支配的でありつづけたのは、ロベスピエールは同時代人をすべて犠牲にしようとした血に飢えた人間であり、ギロチンによる処刑の責任者であるというイメージであった。

ロベスピエールと恐怖政治とのこの同一視は、革命期の彼の言動によっても促されたといえよう。「人民の敵」の追求と処罰のたえざる要求、革命政府が依拠すべき二原則の一つとしての「恐怖」の正当化、プレリアル二十二日の法の支持……。だが同時に、テルミドール直後でも、ロベスピエールのイメージが公式見解一色に塗りつぶされたわけではなかった。「暴君ロベスピエール」の歌を歌っていた男を襲撃して逮捕された者もいた。そしてロベスピエールの破局にショックを受け、寛容をもって革命を終結させようとしたためにロベスピエールは倒されたのだと解釈したのは、ナポレオン・ボナパルトその人であった。

振り返ってみれば、ロベスピエールはテルミドールで失脚する以前も賛否両論の対象であった。そしてテルミドール以後も、無数のロベスピエール解釈が歴史家や小説家、あるいは政治家によって提示され、賛否両論を巻きおこしてきた。最近でも、二〇〇九年にパリ市のある左派議員がパリのある通りにロベスピエールの名前をつけることを提案したとき、何人かの社会党議員が、ロベスピエールは「あまりにも論争の的となっている」という理由で反対し、提案が実現しなかったことが思い出されよう。

ロベスピエールとその時代

西暦	年齢	おもな事項
1758	0	*5-6* アラースでマクシミリアン・ロベスピエールが生まれる
1769	11	*9-* サン＝ヴァアスト大修道院からパリのルイ＝ル＝グラン・コレージュへの奨学金を獲得（～1781）
1781	23	*11-8* アラースで弁護士としての活動開始（～1789）
1783	25	*11-15* アラース王立アカデミーの会員に選出される
1788	30	*8-8* ルイ16世が1789年5月に全国三部会を招集することを決定
1789	31	*4-26* 全国三部会へのアルトワ州の第三身分代表に選出される。*5-5* ヴェルサイユで全国三部会開催。*6-17*「国民議会」の宣言。*7-14* バスティーユ牢獄の襲撃。*8-4*「封建制」と諸特権の廃止決議。*8-26* 人間と市民の権利の宣言。*10-5～6* ヴェルサイユ行進と国王一家のパリへの移動。*12-23* プロテスタント，俳優，ユダヤ教徒の市民権を擁護
1790	32	*3-31* ジャコバン・クラブの議長に選出される。*7-12* 聖職者市民化法の制定
1791	33	*5-* 言論・出版の全面的自由，死刑廃止を擁護。*5-16* 議員再選禁止法案を提案し，可決される。*6-20* 国王一家の逃亡。*7-17* シャン・ドゥ・マルス事件（国王廃位の請願運動と国民衛兵による発砲）。*9-30* 憲法制定国民議会の解散日にパリの民衆から拍手喝采を受ける。10～11 アラース（パ＝ドゥ＝カレ県）への帰郷。*12-18* ジャコバン・クラブで最初の反戦演説
1792	34	*4-20* オーストリアへの宣戦布告。*5-17* 新聞『憲法の擁護者』の第1号を発行（～8月20日）。*8-10* チュイルリ宮殿をパリ民衆などが襲撃し，王権が停止される。*9-5* 国民公会への24人のパリ議員のうちトップで選出される。*9-21* 国民公会の招集と王政の廃止。*12-3* 元国王ルイの裁判と処罰に関する演説
1793	35	*1-21* 元国王ルイの処刑。*6-2* ジロンド派の指導者の逮捕・追放。*6-24* 1793年憲法の成立。*7-27* ロベスピエールの公安委員会への加入。*10-10* 平和の到来まで革命政府であると国民公会が宣言。*11-21* ジャコバン・クラブで非キリスト教化運動（「無神論」）を批判し，礼拝の自由を擁護。*12-4* 革命政府の組織化に関する法令（フリメール14日の法令）。*12-4* 革命政府の原則に関する報告
1794	36	*2-5* 革命政府が従うべき国内政策の原則に関する報告。*3-13* コルドリエ・クラブの指導者とエベール派の告発・逮捕（*3-24* 処刑）。*3-30* ダントン派（「寛容派」）の告発・逮捕（*4-5* 処刑）。*5-7*「最高存在と霊魂の不滅という観念」を承認し，最高存在の祭典などの国民祭点を提案。*6-8* パリの最高存在の祭典を主宰。*6-10* 革命裁判所を改革する法（プレリアル22日の法）の採決を支持。*6-26* フルリュスでの戦勝。*7-27* クーデタによりロベスピエールが失脚。*7-28* ロベスピエールと21人の「共犯者」の処刑

参考文献

井上幸治『ロベスピエールとフランス革命』誠文堂新光社，1981 年

ピエール・ガスカール（佐藤和生訳）『ロベスピエールの影』（叢書・ウニベルシタス 159）法政大学出版局，1985 年

パトリス・ゲニフェー（垂水洋子訳）「ロベスピエール」フランソワ・フュレ，モナ・オズーフ（河野健二・阪上孝・富永茂樹監訳）『フランス革命事典 1』みすず書房，1995 年

柴田三千雄・樺山紘一・福井憲彦編『世界歴史大系　フランス史 2　16 世紀～ 19 世紀なかば』山川出版社，1996 年

遅塚忠躬『ロベスピエールとドリヴィエ――フランス革命の世界史的位置』東京大学出版会，1986 年

J・M・トムソン（樋口謹一訳）『ロベスピエールとフランス革命』岩波新書，1955 年

マルク・ブゥロワゾォ（遅塚忠躬訳）『ロベスピエール』（文庫クセジュ）白水社，1958 年

ピーター・マクフィー（高橋暁生訳）『ロベスピエール』白水社，2017 年

松浦義弘『フランス革命の社会史』（世界史リブレット 33）山川出版社，1997 年

松浦義弘「ロベスピエール現象とはなにか」『岩波講座世界歴史 17　環大西洋革命 18 世紀後半～ 1830 年代』岩波書店，1997 年

松浦義弘「ロベスピエールと最高存在の祭典」『史学雑誌』97-1，1988 年 1 月

松浦義弘「ロベスピエールとフランス革命――文化現象としてのロベスピエールの言説」『思想』938，2002 年 6 月

ルフェーヴル「ロベスピエールの政治思想について」G・ルフェーヴル（柴田三千雄訳）『フランス革命と農民』未来社（社会科学ゼミナール 9），1956 年

Œuvres de Maximilien Robespierre ［1912-2007］, Paris, Société des études robespierristes, 11 vol., rééd., 2011.

Jacob, L., *Robespierre vu par ses contemporains*, Paris, Armand Colin, 1938.

Robespierre, Charlotte, *Mémoires* : préface de Jean-Clément Martin ; introduction d'Albert Laponneraye, premier éditeur de l'ouvrage en 1834, Paris, Nouveau Monde, 2006.

Jordan, D. P., *The Revolutionary Carrier of Maximilien Robespierre*, Chicago, The University of Chicago Press, 1985.

Biard, Michel et Bourdin, Philippe, *Robespierre* : *Portraits croisés*, Paris, Armand Colin, 2012.

Leuwers, Hervé, *Robespierre*, Paris, Fayard, 2014.

図版出典一覧

Histoire de France, tome 2, Paris, Larousse, 1968. *8, 43, 49, 58*

André Bendjebbar, *La Revolution Français*, Paris, Hachette, 1988. *23* 中 , *29, 30* 上 , *31* 下左

Hervé Leuwers, *Robespierre*, Paris, Fayard, 2014. *17, 55, 102*

Peter McPhee, *Robespierre: A Revolutionary Life*, New Heaven / London, Yale University Press, 2012. *5, 23* 下 , *41* 下 , *52, 100* 右

Ruth Scurr, *Fatal Purity: Robespierre and the French Revolution*, New York, Metropolitan Books, 2006. 扉 , *9* 右 , *23* 上 , *41* 中 , *57, 97*

Jean Thoraval, *Les Grandes Étapes de la Civilization Français*, Paris / Montréal, Bordas, 1971. *9* 左

Michel Vovelle, *La Revolution Français, Images et Recit*, tome 2, Paris, Livre Club Diderot, 1986. *27, 31* 上右・中・下右 , *38, 39, 40, 41* 上

Michel Vovelle, *La Revolution Français, Images et Recit*, tome 4, Paris, Livre Club Diderot, 1986. *30* 下 , *31* 上左 , *44, 56, 64, 65, 92, 95, 99, 100* 左 , *101*

PPS 通信社提供 カバー表 , カバー裏 , *11, 28, 53, 59, 87*

松浦義弘(まつうら　よしひろ)
1952年生まれ
東京大学大学院人文科学研究科博士課程満期退学，博士(社会学)
専攻，フランス近代史，史学史
現在，成蹊大学文学部教授

主要著書・訳書

『フランス革命とパリの民衆』(山川出版社 2015)
『フランス革命史の現在』(共編著，山川出版社 2013)
『世界史リブレット 33　フランス革命の社会史』(山川出版社 1997)
リン・ハント『人権を創造する』(岩波書店 2011)
ロジェ・シャルチエ『フランス革命の文化的起源』(岩波書店 1994)
リン・ハント『フランス革命の政治文化』(平凡社 1989)

世界史リブレット人 61

ロベスピエール

世論を支配した革命家

2018年 3 月30日　1 版 1 刷発行
2023年 6 月30日　1 版 2 刷発行

著者：松浦義弘

発行者：野澤武史

装幀者：菊地信義

発行所：株式会社 山川出版社

〒101-0047　東京都千代田区内神田 1 -13-13
電話　03-3293-8131(営業)　8134(編集)
https://www.yamakawa.co.jp/
振替　00120-9-43993

印刷所：株式会社 明祥

製本所：株式会社 ブロケード

 ISBN978-4-634-35061-8

世界史リブレット 人

1 ハンムラビ王 — 中田一郎
2 ラメセス2世 — 高宮いづみ・河合 望
3 ネブカドネザル2世 — 山田重郎
4 ペリクレス — 前沢伸行
5 アレクサンドロス大王 — 澤田典子
6 古代ギリシアの思想家たち — 高畠純夫
7 カエサル — 毛利 晶
8 ユリアヌス — 南川高志
9 ユスティニアヌス大帝 — 大月康弘
10 孔子 — 高木智見
11 商鞅 — 太田幸男
12 武帝 — 冨田健之
13 光武帝 — 小嶋茂稔
14 冒頓単于 — 沢田 勲
15 曹操 — 石井 仁
16 孝文帝 — 佐川英治
17 柳宗元 — 戸崎哲彦
18 安禄山 — 森部 豊
19 アリー — 森本一夫
20 マンスール — 高野太輔
21 アブド・アッラフマーン1世 — 佐藤健太郎
22 ニザーム・アルムルク — 井谷鋼造
23 ラシード・アッディーン — 渡部良子
24 サラディン — 松田俊道
25 ガザーリー — 青柳かおる
26 イブン・ハルドゥーン — 吉村武典
27 レオ・アフリカヌス — 堀井 優
28 イブン・ジュバイルとイブン・バットゥータ — 家島彦一
29 カール大帝 — 佐藤彰一
30 ノルマンディー公ウィリアム — 有光秀行
31 ウルバヌス2世と十字軍 — 池谷文夫
32 ジャンヌ・ダルクと百年戦争 — 加藤 玄
33 王安石 — 小林義廣
34 クビライ・カン — 堤 一昭
35 マルコ・ポーロ — 海老澤哲雄
36 ティムール — 久保一之
37 李成桂 — 桑野栄治
38 永楽帝 — 荷見守義
39 アルタン — 井上 治
40 ホンタイジ — 楠木賢道
41 李自成 — 佐藤文俊
42 鄭成功 — 奈良修一
43 康熙帝 — 岸本美緒
44 スレイマン1世 — 林佳世子
45 アッバース1世 — 前田弘毅
46 バーブル — 間野英二
47 大航海時代の群像 — 合田昌史
48 コルテスとピサロ — 安村直己
49 マキァヴェッリ — 北田葉子
50 ルター — 森田安一
51 エリザベス女王 — 青木道彦
52 フェリペ2世 — 立石博高
53 クロムウェル — 小泉 徹
54 ルイ14世とリシュリュー — 林田伸一
55 フリードリヒ大王 — 屋敷二郎
56 マリア・テレジアとヨーゼフ2世 — 稲野 強
57 ピョートル大帝 — 土肥恒之
58 コシューシコ — 小山 哲
59 ワットとスティーヴンソン — 大野 誠
60 ワシントン — 中野勝郎
61 ロベスピエール — 松浦義弘
62 ナポレオン — 上垣 豊
63 ヴィクトリア女王、ディズレーリ、グラッドストン — 勝田俊輔
64 ガリバルディ — 北村暁夫
65 ビスマルク — 大内宏一
66 リンカン — 岡山 裕
67 ムハンマド・アリー — 加藤 博
68 ラッフルズ — 坪井祐司
69 チュラロンコン — 小泉順子
70 魏源と林則徐 — 大谷敏夫
71 曾国藩 — 清水 稔
72 金玉均 — 原田 環
73 レーニン — 和田春樹
74 ウィルソン — 長沼秀世
75 ビリャとサパタ — 国本伊代
76 西太后 — 深澤秀男
77 梁啓超 — 高柳信夫
78 袁世凱 — 田中比呂志
79 宋慶齢 — 石川照子
80 近代中央アジアの群像 — 小松久男
81 ファン・ボイ・チャウ — 今井昭夫
82 ホセ・リサール — 池端雪浦
83 アフガーニー — 小杉 泰
84 ムハンマド・アブドゥフ — 松本 弘
85 イブン・アブドゥル・ワッハーブとイブン・サウード — 保坂修司
86 ケマル・アタテュルク — 設樂國廣
87 ローザ・ルクセンブルク — 姫岡とし子
88 ムッソリーニ — 高橋 進
89 スターリン — 中嶋 毅
90 陳独秀 — 長堀祐造
91 ガンディー — 井坂理穂
92 スカルノ — 鈴木恒之
93 フランクリン・ローズヴェルト — 久保文明
94 汪兆銘 — 劉 傑
95 ヒトラー — 木村靖二
96 ド・ゴール — 渡辺和行
97 チャーチル — 木畑洋一
98 ナセル — 池田美佐子
99 ンクルマ — 砂野幸稔
100 ホメイニー — 富田健次

〈シロヌキ数字は既刊〉